第三封信・The Third Letter

留住時間的閃爍星光

多年前，偶然在香港書店邂逅鹽野米松的《留住手藝》這本書，書封僅以一張黑白照設計，開本小巧精厚，雖然是不習慣閱讀的簡體字版，仍帶回家了。

全書以16篇手藝師的故事構成，每篇除了簡短的作者導語，都採用手藝師口述的記錄方式，黑白照片數量不多，閱讀時感受得到作者不是抱著渲染心態，而是以平靜詳實的心情記錄、陪伴每位生活藝師。

那之後，書名這四個字像是被銘印在腦海裡，「留住」這個字詞，讓我覺得書中的技藝是有生命的，也確實各自在藝師的手中呼吸著，是一種容納動作和感情的狀態，比起將技藝視為即將瀕絕的工藝而疾聲振喊，更柔軟也更同理。

我一直認為，技藝是在漫漫時間中，以時間換取時間，記憶地方、記憶人的一種方式；是留住和沒留住之間的閃爍星光，無論存續與否都曾經存在過。「我們是靠手來記憶的。」你用什麼來記憶呢？

主編　董淨瑋

時刻 MOMENT

秋實

in 台北士林

住在山上，發現天氣很跟著節氣走。時序已過白露，儘管白天陽光仍然炙熱，清晨和夜裡吹拂在身上的風卻已充滿涼意。

赤腹松鼠拼命吃樹梢的果子，想必是準備儲糧了，走在樹下，一不小心就會被掉落的果子殘骸砸到頭。山裡的青剛櫟樹，也結出小小綠色的果實，再過一個月左右，就會轉為咖啡色圓滾滾的橡實，但我最喜歡它們這時候的樣子。

樹葉漸漸枯黃掉落，路邊鋪滿了整片的落葉地毯，我跟小孩說，好想來生營火烤地瓜了啊！

盛琳
bibieveryday 主理人，在與小男孩和小女孩的日日生活中持續修煉著。

Evan lin
攝影師、策展人、兩個孩子的爸爸，穿梭在工作與生活中的多重身分。

省道邊的幸運牛群

in 花蓮壽豐

場景 SCENES

小時候，宜蘭老家後面的鐵軌，常有個老人牽著一隻牛出來，牠會邊走邊大便，我們幾個調皮的小孩，總愛拿石頭丟到牛糞上，看它濺出，便哈哈大笑。在花蓮的省道邊，偶爾會看到一群又一群的牛，兒時的記憶又被喚醒，但卻有不同感受。長大後覺得牛有溫柔的老靈魂，從牠的眼神與動作，從牠和白鷺鷥相處的種種，更能感覺到愛與包容，這樣的生物令我著迷，但大部份的牛養大後就成了人類食物。直到我在壽豐遇到一群幸運的牛兒，大山下日正當中，牠們悠閒趴在樹蔭下乘涼，唯一要做的工作就是「吃飽飽、大好便」，因為飼主製作「活力農耕配方」（BD農法），需要使用到牛糞，這群被善待的大傢伙，果真頭好壯壯。現在只要經過這裡，我都會特別停下來，拔些牧草餵餵他們，「謝謝你們的牛糞，讓農夫可以製作出好的農耕配方，滋養土地與作物，產出好食物給我們。」

林靜怡
宜蘭頭城人，現居花蓮壽豐，住在被山林擁抱和溪流洗滌的地方，與四隻狗二隻貓一起生活，創立「大樹影像」是希望能為被攝者留下些什麼，並讓世界溫暖一點。

大武山下的祖靈屋

in 屏東來義

過去一年，我總在不同的機緣下走訪部落，有的是為了工作，有的只是想喝點酒，可能今天還在花蓮南安與朋友編織黃藤，隔天一早又背著相機出現在屏東大武，不停來回在部落與部落之間，不時會懷疑自己的血液裡，是否流淌著南島語族DNA。

這天因拍攝工作約在來義鄉的古樓部落，正式採訪前預留的小空檔，讓我賺到在部落巡遊的大好機會，只不過也沒能走遠，目光早已被中正路的石板建築牢牢黏住。我拿起相機不想放過細節的看著，有排列整齊的石板疊砌，也有著人形與百步蛇的簷梁雕刻，工法無疑是排灣族的傳統石板建築。當下開始在腦海翻閱所了解的排灣、魯凱、布農、泰雅的石板屋工法，但眼前的建築卻不像是認知中的家屋，滿是疑惑的走到一旁看解說牌才得知，原來這是2009年在五年祭前新建造的「祖靈屋」。

這讓我想起今年夏天，走了一趟昔日布農族人的獵徑，約莫在海拔3000公尺處的鞍部，無意間經過石板家屋遺址，當下沒有停留、並在心裡默念著：「打擾了」（過去台灣有許多原住民有室內葬文化）。雖然我不是原住民，但也清楚不能在朋友家中的神明廳、宗祠有輕蔑褻瀆的行為，因此當知道面前是祖靈屋時，深知自己不了解在地文化及禁忌，決然收回輕鬆態度，進入遠觀與思考碰撞的短暫週期。我想這樣的空間範圍裡，必然是當地人心中極為神聖的領域，尊敬是我當下唯一要做的事。

當天晚上，細聽部落耆老口中的生命經驗及傳說故事，相傳排灣族的祖靈平時居住於大武山上，在特定的日子與祭祀才會延請下山，而這個以石板為構造的傳統建築，就是祖靈與部落族人們最重要的信仰橋樑。

邱家驊
躲在恆春十餘年的影像人，拿著釣竿就往海邊，不時也爬進山裡砍柴玩石頭。影是工作更是生活，快門之前是積累的日常感受，快門之後將消化成未知的養分，回饋給自己。

建築 BUILDIND

觀看　的 SIG

討好自己，就會有力量

in 屏東萬巒

我坐在俐綾位於萬巒鄉間的小小工作室裡，那天下起南部夏日常見的午後雷陣雨，霧氣讓玻璃朦朧，窗外聳立的檳榔樹、配上屋內的淡淡薰煙，瞬間以為自己是在某個熱帶仙境。屋內除了擺放她喜愛的各種水晶、峇里島帶回來的神像，角落還放著兩把吉他。

人
PERSON

「我一直都在萬巒。」——俐綾

從小在這長大，常跟著建築工父親到不同村莊工作，從三溝水到五溝水，這些客家聚落成了她童年玩耍的園地，客家的生活與文化也滲透成為身體印記，她卻不自覺。直到2013年去了一趟峇里島，身處異地時才意識到客家文化的獨特性。為了更瞭解自身所來，她申請到客家文化研究所進修，後來和表妹合出一張客語專輯，並入圍了金曲獎，像是一場驚奇之旅。

我印象深刻的，是某次她在五溝水聚落廣場上的演出。那天的她鬆軟而自然，與其說是演出，更像是一個在這長大的小孩，正用歌聲回應著這塊給予她養份的土地，送上滿滿的祝福與感謝。她說，「什麼是客家？這塊土地就是客家。」

但自從那場演出之後，她就很少唱歌了。

「我知道我要的是很『真實』的東西，」我問起原因，她篤定地回答道，「不需要去討好大家，只要討好自己，就會有力量。」面向眾人成為歌手是一個意外，也是一個階段性任務。最近幾年她將原本投注於客家文化及音樂的能量，轉往更內在的探索，她開始接觸不同的靈性領域，學習各種療癒方法，在協助他人的同時，也更加認識自己。

我看見她慢慢從中找到力量，那是經過土地洗禮後更深的自我挖掘。如同她獨立發行的專輯《艾納香》裡的介紹所寫：「艾納香，充滿客家味道的民俗植物，靜靜散發著簡單、純粹卻深層的力量。」如今她雖不放聲歌唱，從心發出的能量，也能扎根出一種堅韌的姿態。

邱承漢
高雄人，喜歡拍照也喜歡寫字，更喜歡真誠的人，育有一狗兩貓。2011年將外婆起家厝改建為叁捌地方生活，用幽默感及設計參與社區，過著返鄉但持續流浪的生活。

目
Contents
次

Feature **特輯**

風土技藝

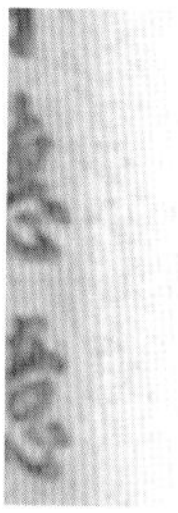

Sight 觀看的視線

Another Life 另一種可能

Inside of Place 走進地方

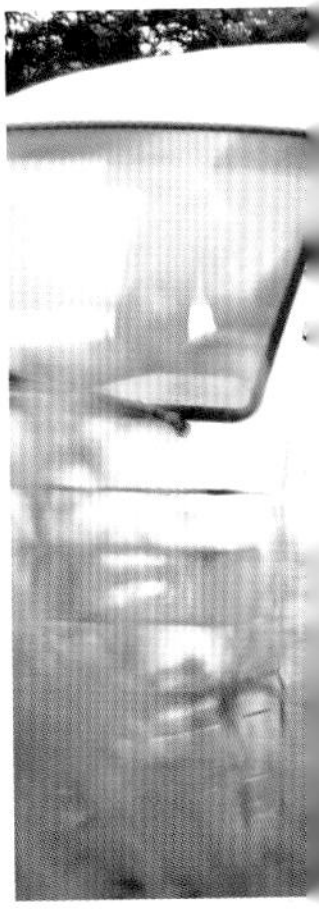

Local Minds 在地心眼

風土技藝

留住文化
留住人

技藝依著所在地的地理環境、產物業、生活習慣，有各式延伸，世代承襲下來就形成集體記憶。因此，技藝關乎的不只是技術手藝，而是生活其上的文化和人。人在，文化和技藝就在；人離開，文化和技藝就消失。

不管是為了生存、為了祭儀、為了產業而生的技藝，都是存在於當地的風土環境中，是黏著在土地上的記憶，而這些皆需仰賴著人延續：有人就有技藝，有記憶就有地方的家。

artistry

風土技藝的可見和不可見

文字—曾怡陵　攝影—謝佩穎
場地協力—國立臺灣工藝研究發展中心．臺北當代工藝設計分館

黃世輝

雲林科技大學創意生活設計系教授，千葉大學自然科學學術博士。專業領域為工藝研究、社區營造、設計文化等。在文化界擔任政府、學術、民間團體的委員、顧問等，並於多個工藝社區進行輔導工作。

talk about

與黃世輝、張正衡兩位學者，相約臺北當代工藝設計分館的「工藝之外——還要多久才到？」臺灣社區在地特色工藝展場，六個東部工藝社區的作品勾動兩人的所學與經歷，以人類學、社會學和設計的觀點，帶領我們走進工藝作品背後的環境與人文軌跡。

從地方的風土出發，看見地區的工藝個性。從實際的案例檢視歷史與現狀，也看見更多可為之處。

張正衡

臺灣大學人類學系助理教授，伊利諾大學香檳分校社會學博士。專業領域為社區研究、日本社會、物質文化等，並協助管理臺灣大學人類學博物館。該館近年來也持續與部落合作，試圖助其找回失落的工藝技術與文化認同。

地味（後簡稱JIMI）：請兩位以所學領域的角度，談談「風土技藝」。

黃世輝（後簡稱輝）：風土就是在地，每一個地方都有不同的環境條件，尤其是鄉下，城市很容易變成有點相近，就是大樓這些東西。

在地要有材料，才會發展相應的工藝，但不一定有材料就會用。比如鄒族有很多轎篙竹，但是他們相關的利用很少，轎篙竹筍是他們的重要收入之一。剛在展場看到的花蓮噶瑪蘭香蕉絲，是他們有香蕉這個材料，還要會去運用。沖繩的風土跟台灣有點像，類似的芭蕉布在沖繩喜如嘉就可以看得到，已經被指定為日本傳統工藝產地之一。日本人比較有產地的概念，現在日本的傳統工藝產地大概指定了兩百多個，產地裡就會用那個材料做到底，有陶就什麼都用陶來做，有漆器就漆器做到底，形成聚落的明顯特色。台灣有沒有這樣的地方？有，三義木雕、鶯歌陶瓷，早期還有南投燒。正衡老師的家鄉在南投耶，是南投市嗎？

張正衡（後簡稱衡）：對。

輝：南投牛運崛以前有很多做陶的工廠，日治時期日本人在台灣設了很多工廠或學校，像竹的話就是設學校，在哪裡設？當然是竹山，但竹山出名前還有個地方用竹也很多——關廟。推動日本民藝運動的柳宗悅到台灣的時候，覺得他理想中的工藝村就是像關廟那樣子，家家戶戶都在做竹子，風土很明顯。

衡：原來柳宗悅去過關廟呀，我還是第一次知道。

我們很容易會有一種鄉愁，便開始去追尋這些不斷消逝的文化。

黃老師已經解釋風土跟工藝的關係，人類學會用整體論的觀點來看一個文化。地方的自然環境是這樣子，然後人在這個地方與環境互動並發展出地方獨特的生活方式，比如宗教、社會組織、經濟產業模式等，工藝當然也是其中一環。

不過我覺得在人類學或社會學的思考裡，這算是第一個層次的理解。後來開始有現代化、工業化、資本主義大的結構，開始影響風土

1 南投仁愛鄉都達部落的卡司米龍織布。 **2** 黃世輝（左）與張正衡（右）暢談對風土技藝的看法。

與工藝的面貌，譬如香蕉變成是殖民母國用來出口以累積獲利的重要物產，這時我們很容易會有一種鄉愁，便開始去追尋這些不斷消逝的文化。像原住民在做文化復振，可能會想知道到底祖先原本的服飾是什麼樣子，而不是後來經過日本殖民或國民政府山地行政後的樣子。更後來的研究者又開始思考，工藝品屬於外來或內在傳統，真的有必要分得這麼開嗎？當代持續生產工藝品的工藝師固然必須要一定程度地回應全球市場，但過去的工匠也不見得完全只使用在地生產的材料。像我們自己系上「人類學博物館」收藏的原住民穀桶，上面就裝飾有近似西方瓷片的東西……

輝：是透過貿易交換而來的。正衡老師提的這件事，在我的臉書上也出現類似的討論，我曾發布南投仁愛鄉都達部落用卡司米龍織布的照片，下面一堆留言。裡面有幾個觀點，有人說很漂亮，但可惜不是用傳統苧麻做的，我的學生就討論需不需要這種文化潔癖，非苧麻不可；那從我們學設計的角度看，就很佩服她們即使沒受過設計訓練，也可以做出二方、四方連續的圖樣；還有學生說，原住民喜歡用卡司米龍的線織布其實有一段時間了，族人喜歡卡司米龍毛線的蓬鬆感，可以讓圖案感覺更立體。

JIMI：**技藝、工藝和民藝等字眼，有差異性嗎？**

輝：我覺得工藝跟技藝都是通稱，但技藝聽起來比較偏向技術面，民藝就會是柳宗悅的說法。日本經過了明治維新、向西方看齊的這個動作很久之後，在1920年代左右，柳宗悅發起民藝運動，用意是說，我們回過頭來好好看自己的東西，不要一切都向西看。向東還是向西？地球是圓的（笑）。

衡：我看過一個研究民藝的日本人的說法是，技藝比較是生活實用面的、甚至業餘的，這跟民藝可能比較接近。而工藝其實是日本在現代化過程中，面臨如何把產業跟藝術既有的工匠技藝重新在地產業化的挑戰，所以傳統技藝或者是日常用品必須提升到一個層次，思考怎麼樣現代化（例如成為一種藝術），重點是要可以形成新的產業。所以在他的定義裡，技藝相對比較自由，可是工藝有

文化創意可以把你跟現代人連接在一起，文化資產會把你跟祖先連結在一起。

比較產業型思考的東西，不過這好像也不是唯一的講法。

JIMI：怎麼看待工藝這幾年來的發展型態？

輝：我常用文化部的三個單位來看，文化部有一個單位叫文化資產局，以剛剛都達部落織布的例子來說，當然要擁抱傳統，一定要用苧麻才能夠指定為文化資產呀。把這套知識系統搞清楚，然後找到知道怎麼做的人，給予獎賞，是文化資產局要做的事情。這樣裡面特別厲害的人就變成人間國寶，是重要傳統工藝保存者。

另外一個單位叫文化資源司，比較是社區營造的角度，社區裡面本來就有很多值得珍惜的東西，所以大家要好好回頭看一下有什麼好東西是被遺忘的，這個角度跟柳宗悅的民藝運動很像。社區營造有六大面向，社區產業是其中一個面向，所以政府開始扶植社區工藝。

第三個單位叫文創發展司，談的是工藝的當代性，工藝如何跟現代生活結合在一起，在市場機制裡拼搏，是一大挑戰。聯合大學、朝陽科技大學的學生都有進到苑裡幫忙做藺草產品設計，有些作品有在台南林百貨等地方銷售，受到歡迎。法藍瓷也算比較成功的例子，是走外銷路線。

衡：黃老師說得好清楚。老師提到文化部的三個組織，其實是想要去回應工藝流失的問題，但可能又把它帶進另外一條很制式的道路。

輝：談到工藝的流失，1987年外匯管理自由化後，台灣人力成本提高很多，這些手工藝的美學水準如果沒有特別優異，就會愈來愈難存活。另一個就是被塑膠、化學染料等便宜又好用的東西取代。

衡：這些工藝原本之所以存在，跟地方的經濟形態、社會組織很有關係，可是當環境在變動的時候，當然就會沒辦法維持。不過除了政府給的誘因外，對在地的社區來說也可能有其他的需求。例如原住民因為過去曾長期處在殖民或汙名化的狀態下，他們可能離開部落去都市生活，也可能對自己的文化不是很有自信，更不要說傳承，可是那些

花蓮豐濱鄉噶瑪蘭族取用香蕉樹的樹皮纖維，製成各種工藝品。

認同其實會跟他們的工藝、信仰、社會組織綁在一起。

台灣的原住民現在想要重新找回自信跟驕傲，可是這東西失傳了以後怎麼找回來？他們就開始重新去吸收這些東西，變成現在文化實踐的過程。從人類學者的觀念，我們不覺得一定要回到最純正道地的東西，就像黃老師說的文化潔癖，但我們確實也不能憑空創造新的東西，希望能跟過去有一個連結，然後在當代的脈絡裡把它變成適合當代使用的用途。

JIMI：前面提到的工藝社造，有所謂成功或失敗的案例嗎？

輝：我覺得社造就是要不斷地做啦！成功跟失敗是階段性成功、階段性失敗。階段性失敗不代表永遠失敗，只要想做就再重新來做；階段性成功也不見得是成功，有時候換了一個理事長，就整個失敗，像今天在展場裡看到的六個單位，都是階段性成功的例子。

如果因為這些行動，社區對自己的文化變得更有自信，我覺得就是成功了。我們在跟社區談話當中就可以感受到，對方對自己的文化是覺得驕傲，還是處在那種「這種東西沒有用啦」的狀態。所以我們很難講全面成功或失敗，但值得繼續努力，因為這會豐富內心，也會提高自信，文化創意可以把你跟現代人連接在一起，文化資產會把你跟祖先連結在一起。

衡：一般講失敗，是它沒有辦法產業化或是永續發展，這種觀點非常的經濟取向，但講對的一點就是要能持續下去而不是曇花一現，讓工藝可以真正變成生活的一部分。可是要做到這一步並不容易，尤其是活在資本主義的時代，如果沒辦法跟大的經濟結構有一定的結合就很難存活，這也是為什麼會發明那些文資法規，就是想辦法在這個時代還有一些方式讓他們留下來，可是我們並不真的希望大家都靠這種補助或支援制度來生活，而是能夠找

要能持續下去而不是曇花一現，讓工藝可以真正變成生活的一部分。

1 宜蘭蘇澳鎮白米社區的木屐工藝，吸引張正衡仔細端詳。 **2** 花蓮光復鄉馬佛社區的阿美族人，以鄰近海岸山脈的黏質陶土燒製陶器。 **3** 台東富豐社區以阿美族木工藝、月桃與稻草繩編織聞名。

出靠著技藝與創作就能創造生計來源的方式。

這個時代的資本家跟財團掌握比較多的資源，容易在市場中獲勝、脫穎而出。很多時候我們會講到「文化挪用」(Cultural Appropriation)的概念，這些有錢有勢的人可能會挪用原住民的織法、工藝、圖紋幫自己賺更多的錢，好像他們很重視多元價值，可是其實背後應該有一個判準，就是到底獲利是不是能夠回饋到地方？我們很希望能夠創造新的經濟循環並回流到社區內部，而不是不斷地抽取地方的資源，像殖民時代那樣幫國家或資本家累積資本。如果要談成功或失敗，我大概會希望能朝這個方向思考。

JIMI：台灣和日本的發展思維有何不同？

輝：日本其實沒有台灣這種地方工藝扶植計畫，但是他們有社區營造的計畫，所以概念上有點相似吧，就是怎麼樣好好運用地方的素材。

衛：我覺得日本在整個現代化轉型的過程其實相對和緩，雖然有全盤西化，可是沒有被殖民，多半還是由日本人自己思考他們要追求什麼樣的現代社會，所以他們舊有的社會文化還是有一定程度地被延續下來。像現代日本料理的文化，以前可能貴族才比較看得到懷石料理的精神，漆器或者茶具也是屬於特定的社會階層，可是日本在現代化的過程中，就把這些他們當初認為是高階的東西變成全國的文化。

國家想把傳統文化變成正統文化的動力是民族主義跟國族認同，這一方面當然有政治利益的考慮，另外一方面也是真的會迷失嘛，在現代化過程會不知道自己是誰。我覺得台灣的狀況是曾受到複雜的殖民過程，有中國、日本、歐美的影響。所以我們現在是處在重新思考的狀態：我們到底要往哪邊走？我們自己的東西到底是什麼？

輝：應該現在大家都承認我們就是複雜的、混種的、多元的。我們就承認它、接受它、運用它。

JIMI：請分享印象深刻的研究或經驗。

衛：我想到的是柳宗悅民藝的歷史，在學術上有一些爭辯。辯論的焦點在於，因為柳宗悅當初在追尋民間技藝的時候不只是看日本的鄉下地方，也有到日本殖民地韓國、台灣、沖繩，他其實滿尊重、推崇這些地方的文化跟人民的生活方式。

可是日本之後變成軍國主義，然後戰敗，後來左派的知識分子就批判民藝的這段歷史。有兩個罪名，一個是柳宗悅的民藝運動鞏固了日本的民族主義跟殖民主義；另外一個是所謂的東方主義，因為柳宗悅的美學概念有受英國的影響，批評者覺得他是用西方的角度在想像東方是什麼樣子，覺得東方原來有這樣的美。在人類學或社會學的圈子很在乎這些議題，不過現在開始又比較能看到他其它方面的貢獻跟價值，我覺得這段歷史很值得重新檢視。

輝：在工藝的大論述上面，柳宗悅的貢獻很大，他著作等身，宮崎清老師的書也值得看。老師在東京大學博士論文的題目是稻草，著作包含稻草在民俗信仰和社區營造裡面的運用，把稻草工藝跟社區結合起來的論述，也把這些研究帶到台灣來。

他蒐集器物的態度很像柳宗悅，我記得跟他去村落學習的時候，有人拿工藝品跟他討論，他發自內心覺得是很值得珍惜的東西。有一次跟他到鹿港，九曲巷有個做蒸籠的師傅叫陳錦煌，老師一直握著他的手，後來叫我過去跟他握手。師傅手部的肌肉是柔軟的，可是小指關節附近的地方比較硬，是凹進去的，為什麼呢？做蒸籠要用蒸氣把木片彎成圓形，之後打洞並用藤穿進去綁緊，每天都在綁，綁到手都凹進去了。我知道老師的意思是什麼，他做工藝的使力在身體形成特殊的面貌，在那裡面我感受到一種柔軟又有力量的東西。

JIMI：請用一句話，感性說明「風土技藝」。

衡：我沒有辦法很感性，所以還是會用學術的講法。我會覺得技藝或技術其實是一種關係的體現，這個關係有可能是人跟人的關係，也可能是人跟物的關係，或者人跟自然的關係。而一項技藝如果持續地被實踐與傳承，也可能反過來創造新的關係。

輝：簡單講就是，在風土中長出工藝來，這樣的風、這樣的土，會長出這樣的工藝；但是從社區營造的角度看，工藝也會塑造新的風土，這是新舊連結的風土。

上山，一遍遍重建技藝到記憶

文字—陶維均　攝影—盧昱瑞

尊重傳統，並非強調今不如昔或數落世人除舊佈新，老一輩物資缺乏，凡事靠自己，新一輩全世界珍奇異寶滑滑手指刷卡宅配，雲端有一切難題的解謎。沒有對錯，時代滾輪不可逆。

但當有一群人堅持習舊再創新，乃因冀望在習「藝」的旅途習「義」，傳「技」的過程存「紀」。當「技」藝成為「記」憶，新一輩才能知道我們曾這般活過，原來人與自然共生共存，原來跟著我們出生的不是帳號密碼，而是雙腳雙手，是雙唇與心。

rattan plaited articles

藤編

1

黃藤常見於台灣中低海拔丘陵地，多刺堅韌，莖長可達200公尺，去皮後削成藤蔓晒乾，是亞熱帶島國山區原民重要的編織材料之一，不僅可做綁繫家屋樑柱的結繩，也能做成獵人農人裝載收成的背籃。

對曾經生活所需都得自力更生的布農族人來說，有著「男編女織」的分工制度，藤編是部落男子必須學會的基本功，藤器是生活必須的實用器具，和山林農獵生活自然連結，是最日常不過的日常。

從課程開始的文化延續

四年前，位於台東延平鄉的學習社群「內本鹿pasnanavan」

2

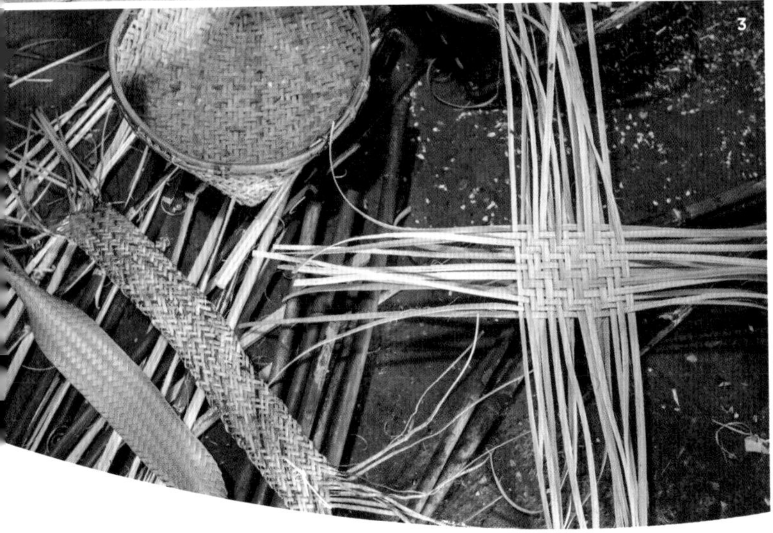

3

為學習布農藤編，跨越縣界找上花蓮卓溪鄉的老師，原本打算上幾堂編織手工課，卻發現從上山採藤到料理藤材，要學的事越來越多，懂的人卻越來越少。於是，從僅此一回的相遇到固定一年兩度的課程，從僅限組織成員參加到開放外界報名，原本僅受各方零星資助的課程，今年也受花蓮縣文化局執行「再造歷史現場專案計畫」補助，藉由傳承藤編技藝重建文史現場。

1 架上掛著的，是tama vava製作、使用將近五十年的背籃。 **2** 隱身花蓮卓溪鄉太平部落的tama vava工作室。**3** 除了裝盛類器具，黃藤也是製作背負頭帶的材料。

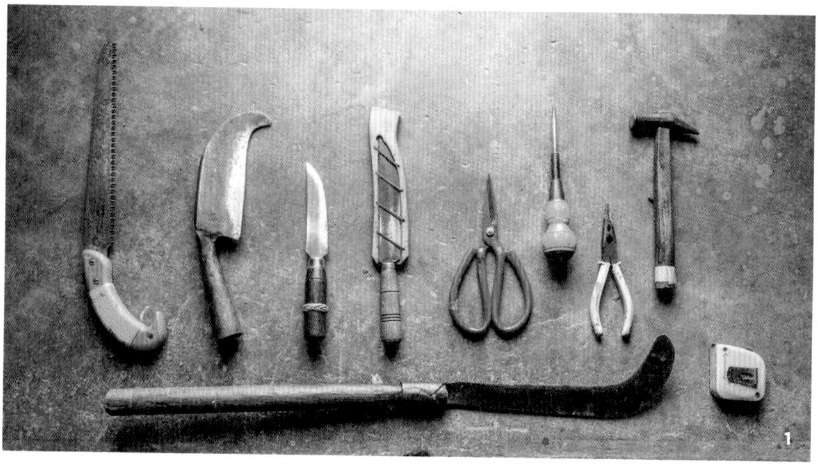

1 中間的番刀是tama vava當年特別訂製，從採藤到編藤一刀到底。 2 山區多突發狀況，採藤至少需成雙進行，相互照應。 3 時常師生就這樣對坐整天剖藤，一邊傳承部落語言與文化。

隨著山林野探風氣盛行，位於卓溪鄉的瓦拉米步道成為熱門景點，遊客通常從台9線拐進南安，一路開到遊客中心停車，整頓裝備拾梯而上，少有人知沿路兩旁的丘陵林地是部落的採藤領域。今年9月中旬課程結業，學員將背著自製背籃攀上步道中段的佳心，接受老師授予證明。學員中不少當地登山協會的成員，希望未來能用自製編籃帶團，讓登山客除了爬山，也能更了解布農族人與山林的共生關係。

藤材環環織成文化搖籃

過往布農藤編僅限特定氏族製作，然而現在技藝即成消逝的記憶，不分族群，肯學就教。

老師身邊兩位布農助教李建國（hundiv）跟湯宗義（talima）談起為何拜師，想了解出身的部落文化是主因，「同輩族人肯學的不多，對初學者來說，至少三週才能做出成品，編織又是不斷重複同樣動作，不習慣孤獨或耐性不夠的人學不來」。因應學員身體使用習慣與狀況，先向老師學基礎，再根據工序偏好或個體適性，開發屬於自己的製藤流程，「畢竟很多方法只有老師能做，我們經驗不夠」，talima舉大家最苦手的剖藤為例，老師刀起刀落、俐索切成寬度平均的八等分，「但那是在沒開燈的晚上！老師厲害到不用眼睛看，一個晚上就做出一個籃子……」。

talima認為最辛苦的部分，是

2

3

尋藤、採藤跟剖藤。編織不分時間季節氣候皆可操作，但採藤需呼朋引伴、趁好天氣上山，沿途還要面對蟲蛇襲擾、被藤莖割得皮開肉綻的風險，扛十幾公斤下山然後做一整天的削皮、去節、去肉、剖藤……等藤材處理，底子不夠的常在這個魔王關卡放棄，「但老師最棒的是因材施教，根據學習速度安排課程，不放棄任何一位學員。」

妻孩留台北打拼，返鄉務農的hundiv用閒暇學藝。起初只想自製背籃上山下田，發現老師是知識寶庫，只學藤編划不來。無論山中動植物習性與部落神話、耕作技巧和風土節氣、語言習俗和地方文化，藤編環環相繫織成登山背籃，知識也在閒聊中條理編撰成文化搖籃，「我們亦師亦友像父子，甚至自己父親身上問不到的傳統知識，老師都能回答。當然希望未來能代代相傳，不過我技術還不夠，出去還不敢說我是老師的學生。」

鋪設一條完好的復振之路

這位大家口中的老師，是民國38年生、現居卓溪鄉太平部落的「tama vava」余清山（vava istasipal）。年輕時當工匠做林班，甚至到阿拉伯鋪公路，在戰時去伊拉克蓋房子。說起往事，他處理藤的動作沒停頓半秒，邊談躲飛彈的那段日子多荒誕，分析如何憑飛彈聲音判斷落點，一邊俐落剖藤。無論在哪工作，老師始終不忘編織，五十多歲退休便投入技藝推廣與傳承。「我11歲的時候就開始編，看鄰居老人家編篩籃，回家拿父親的材料自己摸索、做不出來的問父親，他才帶我上山採藤跟削藤。我沒有特別跟誰學，布農族的學習方式就是在旁邊看，自己學。」

如今年邁的tama vava偶爾上山採藤，大多時候卻越來越像

1 學員在課後的成果展搭設市集攤位，展售自己的作品。 **2** 除了承襲傳統，tama vava也觀摩其他族群的工藝，如今所熟用的藤編技法至少超過十種。

父親，小他好幾輪的學員們圍繞旁觀，但手上多了筆記手機。還有受台東生活美學館委託來拍紀錄片的、來協助老師出版編織圖文書的……，這些意料未及的走向，擔任策劃及專案申請的劉曼儀是關鍵，在「內本鹿pasnanavan」擔任計畫召集人、推動藤編系列課程的她，為了讓大夥更能擴散串聯，因此成立「慢移生活工作室」。

「我和許多學員一樣都是愛往山裡去的人，也希望能把背簍跟山林文化結合，製作普及耐用的山野生活器具，甚至幫部落打造專屬的特色品牌……」。但對劉曼儀來說，在這些所謂建構地域品牌或再造轉型產業各種說法之前，一遍遍重建從技藝到記憶的過程才是重點，「我們能做的就是鋪設一條良好的學習路徑，讓各地學員能完整體驗從採藤到編織的過程，進而在未來產生跨部落、跨地域的交流。」

無論學習藤編或其他傳統技藝，重點並非成為一代師匠達人，而是再次誦讀工業化社會之前的身體詩篇，了解每個動作累積成下個動作能造就的成果，了解自己的極限，每天只能完成一點點，每天也都能進步一點點。不好高騖遠，不三步併兩步。儘管耗時費工，但求身心合一。

葉軸的刺鞭讓黃藤能攀爬其他植物生長，也是採藤時最讓人「皮開肉綻」的考驗。

技藝 手×眼×心

重視傳承與共享的tama vava，開設編織課程以來最自傲也最有成就感的，就是藤編技藝成為學員記憶一部分，永生難忘，「我看市面上大部分藤編課，都是買現成藤料甚至仿藤塑膠，大家學編個小籃子就沒了；但我的教法是帶學生從上山尋藤、採藤一路到切剖，最後才是編藤。這樣的話，儘管編法再複雜，你跟藤已經日夜相處很了解對方，一輩子不會忘記。」

1

採藤

採藤之前的第一件事是先想好打算做什麼成品、需要多少材料。砍多浪費，砍少再上山麻煩。依循部落習俗，取藤前還需祭祀，告知諸靈族人向大地取用資源，祈求一路無風雨無災害。

一般尺寸的藤背包約需砍下20支各2公尺長的藤條。對抗引力攀樹而生的韌性最好、三年生的肉質最佳，這兩類黃藤是優先選擇。一根藤從頭到尾都能利用，最細的做連接點的綁繩，最粗的做骨架，剩下的就是藤包外裝。

2

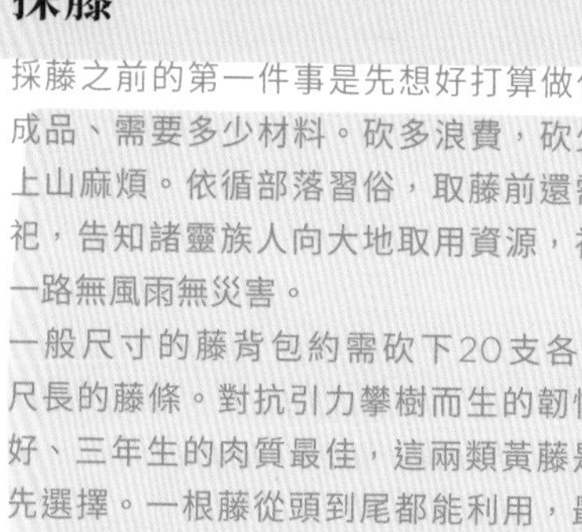

削皮去節

取藤下山後先削皮去節，將節點附近較突出處刮平，將壞死組織割棄。注意此時藤根最好立地而放，讓藤水盡量流乾。

3

剖藤

拎一把剖藤刀，由上而下將藤對半切開，半剖、四剖甚至八剖，最難的是寬度均分。初學者在這過程會產出許多廢料，tama vava則會細心蒐集廢料，也許哪天成為另個藤器的元件。

學員通常大刀砍藤、小刀剖藤，tama vava大小刀都好使，從採藤到剖藤一刀用到底。最厲害的秘密武器是留了幾十年的大拇指指甲，剖藤時做為刀子跟手指的中介阻頓，編織時則拿來挑、壓或理藤。

4

晒乾

剖好的藤肉必須攤在陽光下至少曝晒三天。保持乾燥是製作與收藏藤器的關鍵步驟，若使用後固定風乾晾存，一個藤包使用超過50年都沒問題。

5

編織

藤料處理好，就進入關鍵的編織技法。以上山取藤的背籃造型來說，必須以壓一挑一的方式先起底、立腰，待背籃高度足夠時以鎖編方式固定，上半部再改以六角孔編收編，技法繁複。但對tama vava來說，編織就是算數學，加減乘除就是大小寬窄。他每年變換教學內容，每期學員學到的編法也不同，「這樣的話，當學員碰到面就會互相交流、互相學習。」

不只是一甕酒，是一條回家的路

文字｜小海　攝影｜李維尼

即使是相同時間與溫度，由相同的ina（阿美族母親之意）雙手攪動同一掬糯米，每甕酒在開封時都可能呈現不同味道。因為當時間與空間加入釀製行列，釀造者能掌握的就只有初心。

族人細緻的心過去為了與靈溝通、虔誠謹慎而釀，現在為了與家聯繫，眷戀熱切地釀。阿美族的釀酒技藝從此承載著不只是往昔，也包括當代。人們在細節裡復刻亙古的記憶，這些做法可以視為傳統，但或許更適合稱之為生活。

Winemaking

釀酒

「我一直記得那個味道。」秀蘭ina不時想起小時候媽媽餵她吃的kani（酒釀）。

被捨棄的不只是糯米酒

過去，在阿美族的家庭生活中，幾甕糯米酒是必備品，大人寵愛孩子時就會撈些酒釀，甜甜的讓wawa（孩子）們嚼出笑容。「為了尋找記憶中的味道我拜訪很多部落，也喝過不同家族的酒。」、「但都不是記憶裡的氣味，於是我開始學習釀酒。」、「那是什麼味道、要怎麼釀呢？這些答案我找了三年。」秀蘭ina是花蓮豐濱靜浦部落，少數現在仍能製作tamod（天然酒麴）的女子。

部落中雖然仍有不少老人家

在自釀，但幾乎清一色都使用買來的酵母。商業酵母穩定性高、取得便利，手工製麴過程繁複，也就慢慢被捨棄。「酒的後韻、香味、口感……是取決於做tamod的植物，像是春天花香較多，夏天植物汁液貧乏，做出來的酒麴就偏苦，酒精氣味較濃。」秀蘭最終發現自己懷念的氣味是來自大葉田香，「阿美族製作tamod的配方，基本上與部落周遭的植物特性有關，像在成功地區或往南的族人就會使用雞母珠……雖然我找到很多不同部落使用的植物配方，但我還是忠於自己想要的味道，那是我對家、對部落的記憶。」

「我們聽老人家說，以前有討酒文化時，年輕人會到各家討酒。但如果有人不想常常被討，就會在做麴時把某些植物加多些、釀出較不美味的酒，這樣討酒的人自然就少。」在部落中收集釀酒知識與故事的，是跟在秀蘭身邊學習的團體「女子的酒」。秀蘭ina習慣稱呼她們為女子們，五個部落女孩剛踏上自釀之路，期待孕育出不只是酒，還包括傳統文化和對美式生活的期待。

不願再失去家的氣味

「阿美族男女分工很細，以前釀酒是女生的事。釀出來的酒蒸餾好會在ilisin（豐年祭）時進行palimo（獻酒）。」女子們同屬靜浦部落中的一個階級，因為看到年長姐姐們關注文化，於是也開始自我期許能找回傳統。「我們先是練習豐年祭的祭歌，後來做豐年祭調查。聽到老人家說palimo是部落女子們專屬的投入與展現，所以想要了解更多，甚至希望有天能恢復這個儀式。」

但是就如同許多傳統在現代生活中逐一消失，palimo缺席的原因來自——必須是用部落族人自己釀的酒。然而製作酒麴和釀酒技術，卻在60年代政府下令禁止私釀後中斷，緊接著公賣局將低廉便利的酒精傾銷各地後，部落便徹底遺失這項傳統。「經濟起飛時代許多族人前往都市工作，這一走，文化出現斷層，不只是釀酒，也包括歌謠、語言……現在我們這一代希望能都盡量為部落找回什麼。」

1 釀酒釀的是心，過去用手搗碎植物取汁，需要相當有耐心。 **2** 女子們總是擔心要學的太多、自己學的太慢，但文化卻流失的太快。

部落生活就是在空間中與時間共舞，每個家族的釀酒都是傳承自家口味，也傳遞部落情感。

「我就是不希望她們遇到跟我一樣的感受，失去家的氣味。」身為中生代也曾經遠走他鄉打拼的秀蘭ina相當感慨。「我在尋找釀酒技術時，發現許多老人家沒有回憶，只有回應。因為離過去生活太遠，她們已經無法主動完整的講出作法。」

文化就是生活種種的細節

「女子的酒」開始運作後，的確遇到不少挫折，部落中其他女性對釀酒或恢復獻酒的儀式並沒有太大興趣。「一開始我們邀請大家加入，得到的答案總是意興闌珊。」不過，美式生活就有美式節奏，部落老人家有句常對年輕人說的話是「身體要在嘴巴前面」，用行動實踐才是美式溝通的開始。女子們也意識到從自身開始並且持續地做之後，似乎引起一些改變。

當她們忙著張羅釀酒的器具，或是用機車載回採集的植物，部落中彷彿吹起一道隱形的風，帶著訊息傳到每個屋簷下。「現在走在路上都會有 ina 問妳們的酒好了沒？」甚至有天她們接到電話，一位族人問她們是不是要種大葉田香？有一塊地可以借她們種來製麴。

有天在釀酒前，一位出借器材的老人家特地繞過來看女子們。一方面口述使用方式，一方面則叮嚀起釀酒的禁忌「要安靜，不要吵鬧。」、「蒸餾出來的第一口酒不能急著撈來喝。」女子們從學習與練習傳統祭儀以來，就努力在現代身體中裝進古老的靈魂。「我們也聽別的 ina 提醒月事來不能釀，下雨天也不能，心情不好也不能。」過去，在糧食珍稀的年代，取糯米釀酒是非常神聖的事，也因此禁忌們提醒著釀酒女子必須在專注且良好狀態下才能進行。

「我們知道很多事情會隨著不同時代有做法的改變，例如用食物調理機協助榨汁、瓦斯爐火蒸熟糯米……」文化即生活，生活即文化，傳統與現代並非一刀兩斷的定義與切割。最初阿美族釀酒是由家族進行，現在這群想要復振 palimo 而學習技藝的女子們，發現所有儀式堆疊在當代生活的細節。

所以此刻當季節逐漸邁向冬日，低溫和濕度不宜釀酒時，她們卻更加忙碌。考慮到釀酒使用的大葉田香需要乾淨水源，便必須著手部落的環境復育；使用玻璃罐裝填釀酒雖然也不錯，不過早期是使用沒有上釉的陶甕，她們也想了解製陶技術。

原來一個儀式串起的生活細節環環相扣，而就是這些片刻，創造出讓秀蘭 ina 追尋了一輩子的家族氣味，也是女子們希望釀造的不只是一甕酒，而是一條陪部落長長遠遠走下去的路。

1 從新鮮到醞釀，土地有著無限可能的配方。

2 辨認植物是美式生活的第一堂課，叢叢綠意中看見的往往是酸甜苦辣。

2

1

採集植物

秀蘭 ina記憶中的味道來自靜浦部落的植物，主要以大葉田香為大量，九層塔要取紅梗氣味較濃郁，左手香數量不可以太多。其他還有土芭樂葉、辣椒葉、香椿、刺蔥、艾草、柑橘類的葉子。有時還會取一些橙皮和橙汁。

採集後用鹽巴水浸泡去除蟲卵，接著清洗後晾乾。可以用紗網將採集來的植物包起，懸掛在通風處。

2

榨汁

過去植物取汁都是用手搗，將每個植物分開依序在小缽中搗，這樣比較細。搗到出汁需要不少時間，尤其夏天的植物汁液較少時更是費力，所以現在也會使用食物調理機，最終目的都是取汁。所有汁液混合後，需要先以細紗布或是絲襪過濾才能使用。

技藝 手×眼×心

傳統釀酒最重要的是製作天然酒麴，每個部落、每一村的植物不盡相同，所以採用的配方也有很大差異。族人通常會在村子周遭的花圃菜圃收集，因為到田邊或路邊採集可能會有農藥或其他污染。不過像是主要的植物大葉田香，它需要乾淨水源，以前農業時代灌溉水圳裡四處可見，現在則因為休耕和除草劑因素不再常見，只能在村落的一些角落找到。

3

製作酒麴

以前是拿泡過水的生糯米用缽搗碎成粉，但現在大都使用市售糯米粉。大約是500克糯米粉兌200克草汁，液體要分成數次慢慢加入，經由攪拌的手感來決定稠度。將加入草汁的糯米糰捏成酵母球，放置在洗淨的稻草上，酵母球間要留有空隙。完成後覆蓋上其餘稻草，最終鋪上一條消毒後的毛巾保濕，並以細紗網將整個容器包起防蟲。

4

發酵

糯米糰發酵到成麴，需要至少30度的高溫，使用稻草是因為保濕保溫效果好。可放在家中太陽不直晒但溫度最高的角落，靜置一星期，一星期後如果發酵成功，糯米糰會長出白絲菌，若看到其他顏色，則代表發酵失敗了。

5

蒸糯米

用來釀酒的糯米需浸泡4～6小時，使用部落內自己種的圓糯米，因為糖分較高。過去蒸糯米是使用柴火，現在使用瓦斯爐只需蒸煮半小時，完成後將糯米飯打散、翻攪，但此時必須把握時間，要在糯米還熱騰騰時使用。

6

入甕

將發酵完成的酒麴，捏碎與蒸糯米餘存的水混合，製作酵母水。把酵母水淋澆到打散的糯米裡，用木匙盡量攪拌均勻，讓麴散佈在糯米中，這個過程盡量不要讓手碰到任何食材。完成後準備裝填，取殺菌烘乾的容器，先裝入蒸糯米水，再一勺一勺放入糯米，比例約是600克糯米兌300～500克糯米水。入甕後，溫度適當的話天然酵母會慢慢發酵，大約10天左右可以發酵完成，打開品嚐。

重生漁旗之技，把旗津文化潮回來

文字—李佳芳　攝影—陳建豪

台灣漁港大小船身常見錦旗飄揚，究竟旗如何成為漁船的時尚配件，是來自於傳統民間信仰，抑或是軍事年代的遺緒？與山津塢主導者李怡志走一趟旗津，從旗文化談到令人歎為觀止的漁業儀式，才知道旗鼓鹽人低調行事之下，藏有波濤洶湧的霸氣本質，那很高雄。

fish flag

漁旗

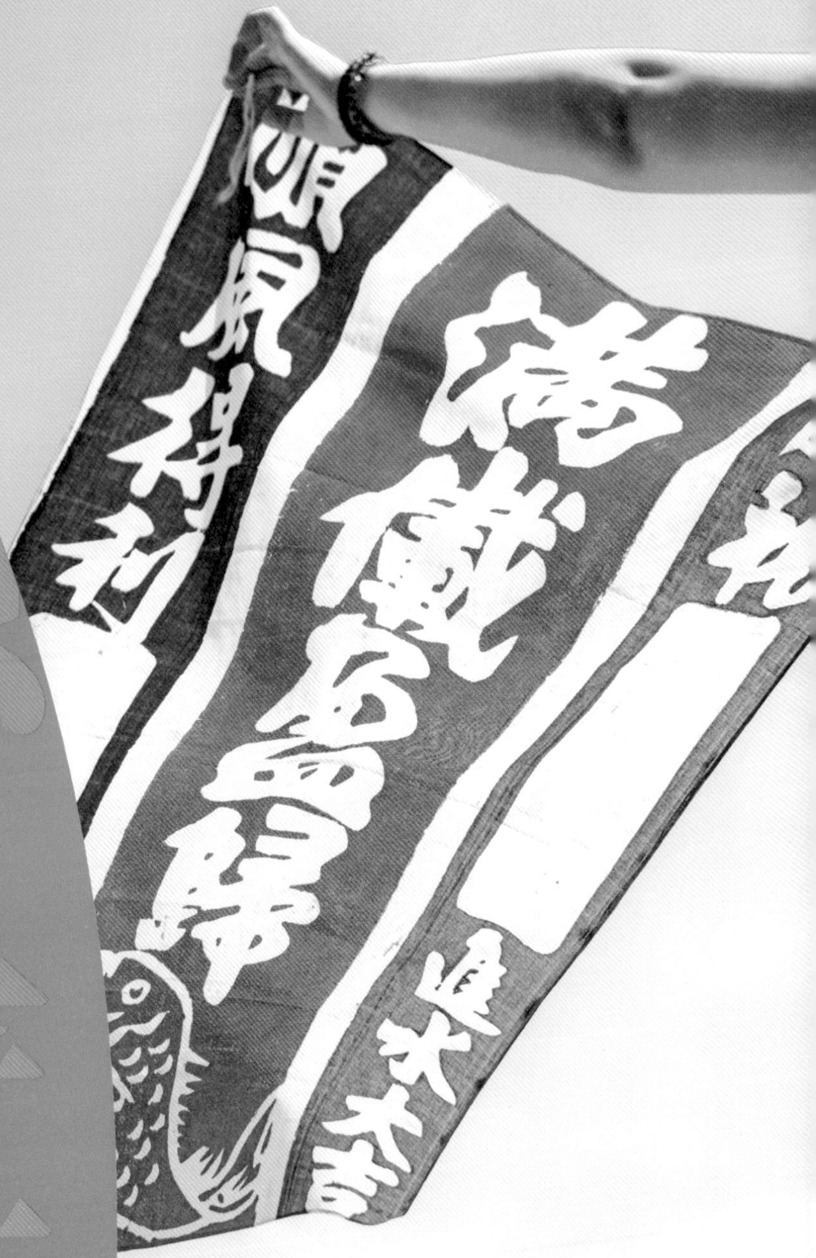

沒有遊客的上班日，旗津悶燒著安靜的空氣，碼頭客船若無其事往返，接駁著無以名狀的寂寥。走在漁村港邊，舢舨漁船隨波浮蕩，在港口水生的旗鼓鹽人李怡志，指認著從小為伍生活的船，漁船、軍艦、小舢舨，作業用、釣客用或自家用，解讀搭載設備可知下期漁汛。

李怡志渾身黝黑強壯，背著沉甸甸的筆電包，一副準備好出海的表情，指看港岸休息的漁船，船身彩繪的鮮魚水草，或船長室窗戶的遮陽物，以及一兩面錦旗掛在船頭船尾，他說裡頭暗藏著「旗」的文化。在外人眼中，那是寂寞無聊的風景，但李怡志卻察覺出某種文化跡象，像是眼力敏銳的討海人，可他瞄準的並

非海中梭游的大魚，而是沉在歲月底層，已然風乾的歷史。他肯定不是鏢魚手，而是一名打撈手。

看見旗津島民的文化遺緒

李怡志出生在三塊厝中街仔，從小卻在鹽埕的外公家長大。大學畢業回鄉念研究所時，與同班同學林佩穎合作，展開記錄家鄉的編採行動，從第一本書《港都人生：鹽埕市井》到《港都人生：旗津島民》，訪談了十多名旗鼓鹽耆老之後，他發現日常生活裏層夾藏著許多當地人也忽略的文化細節。

採訪路上，李怡志曾訪談從事手繪漁旗工作的師傅柯炳煌，他談到老工作與高雄造船業「進水」習俗的關聯，而這段話激起李怡志研究漁旗的興趣，他發現老輩人口中叫的「滿儎旗」或「進水旗」，不只出現在高雄港，也在宜蘭南方澳、澎湖西嶼、台東富岡出現。他追蹤到最後，認定那與日治時期傳入文化有關，甚至與韓國的「守郎旗」有著類似的發展情節。大漁旗在台灣演化一百多年，可微觀探討文化的在地化現象。

揭示工藝復興的一面旗

對務實勤懇的討海人而言，大漁旗是一次性使用商品，但卻是不得不講究之物。「一艘大型遠洋漁船造價是以億計價，船東背負著龐大貸款壓力造船，對於新船第一次下水的進水儀式非常重視，從船首掛著國旗、船民旗、船廠旗、三角廟旗……到船尾象徵有靠山的關東旗，甚至有人會向日本訂做一張要價上萬元的手工大漁旗，算來整艘掛滿的大漁旗可能價值一、兩百萬元也說不定！」

日前才受邀參加一場進水儀

旗津港口停泊著許多隱文化，大漁旗也是其中之一。

祝
大漁

1 李怡志（上中）與陳依寧（上左）、張淑雯（上右）共組山津塢，也在日本藝師協助下用傳統工法完成大漁旗。 2 山津塢的工作坊位在海軍技工宿舍的舊澡堂內。

式，李怡志形容那盛況好比結婚喜事，不只是船身華麗掛滿大小旗幟，所有賓客也都要繫上紅領巾，而「擲吉」古禮要拜船腳、敲香檳，最後船東會在船首甲板撒餅乾、糖果、麻糬，而賓客爭相撿拾的畫面像極了魚群聚吃餌，場面辦得越熱鬧，自然也就越吉利。「一次進水儀式撒下的糖果餅乾足足有三噸重，現在還流行撒美金紅包！」然而，70年代後高雄造船業登上高峰期，傳統技法費工耗時應接不暇，使得印染行紛紛改為二代的網版印刷，直到現下多為無版的數位印刷，傳統漁旗工藝也因老師傳凋零消失殆盡。拿出幾面在紅毛港收到的老漁旗，早年旗幟型染工法用的是天然糯米糊，保存了最原始的手工記憶。李怡志說，古老技法消失不只是最重要的糯米糊沒有配方記載，就連早期是用什麼工具製作，也無從得知。

五代漁旗師的越境交流

為了解密大漁旗，李怡志在中山大學社會責任實踐計畫（又稱USR計畫）的支持下，與負責技術研究的陳依寧、圖文設計的張淑雯兩位夥伴共組「山津塢」，投入台灣大漁旗技藝的復興行動。

初期他們查遍資料，只能東拼西湊想像大漁旗的工藝，直到某次李怡志在社群網站意外發現日本「龜崎染工」分享的漁旗新創，大為驚訝感動的他立即按讚送愛心，日日夜夜追蹤的狂熱行

1 烈日下泡染的旗津歷史，在大漁旗的故事裡緩緩浮現。
2 一次性使用的大漁旗，儀式後成為漁民生活的利用物，遮陽或擦拭油污，迎神嫁娶也用，與生活息息相關。

徑終於引來第五代年輕負責人龜崎昌大的注意。「你很喜歡大漁旗嗎？」龜崎昌大傳來訊息。李怡志靠著翻譯軟體，一股腦傾訴他對大漁旗的愛，以及台灣的大漁旗文化、他正推動復興的種種。李怡志大笑，「沒想到跟蹤狂的行跡敗露，卻意外促成了一段國際工藝交流！」

可是當他把成果展示給龜崎昌大看時，對方卻露出尷尬又不失禮貌的微笑，指出他們所染出來的大漁旗「有點怪怪的」、「怎麼只有單面可看？」他問。照理說，染料要透過布料，旗子的雙面都要能看到圖案才行。

李怡志坦言，當下「有種被打回原形的感覺」，但幸好在龜崎昌大的指點下，以及他從老漁

2

旗上的電話號碼循線找到的老字號「高雄印染行」，這家曾經威震四方的印染行已改為新式工法，但老師傅對於傳統糯米糊仍有記憶，他分享出不少關於手繪漁旗的細節，幫助山津塢突破長久以來的瓶頸。

保存傳統才是一種新潮

團隊研究比對台日漁旗文化時，發現日本大漁旗多以圖案為主，基本圖型有富士山、旭日、龜、鶴、鯛魚等18種，但台灣則是偏愛使用祝福成語，如「豐收大漁」、「滿儎盈歸」、「祝大漁」，加上當地高經濟價值的魚種圖案，如鮪魚、旗魚、魷魚等。至於日本愛用象徵長壽的龜鶴，

1 山津塢把大漁旗工藝開發成絹印，在棧貳庫店鋪推出體驗課程。　2 旗津社會開創基地內可見竹管搭建的藏仔寮（上圖）以及傳統木造舢舨船（下圖），都是復育漁村文化的一部分。

因為有「槓龜」或「夕鶴」不詳諧音，所以不見使用。最特別是，台灣在「漁」字的用法一定要加三點水，代表著不是只有捕到一尾，而是捕獲極多的複數概念；另外「儎」字也一定要加人字邊，代表著船不只把漁獲載回來，同時也會把人平安載回來。

「很多人問你們做這種東西不是日本文化嗎？但我們在1920年代的高雄港紀錄片就看到大漁旗的出現，這個文化經過一百年的發展，已經成為在地文化的一部分。」即便在文化原生地的日本，漁村也同樣面臨人口流失與經濟蕭條，可是未被遺忘的文化卻隨著公路運輸系統向外渲染，運輸漁獲的大卡車結合大漁旗衍生出「暴走卡車」，足見文化不死，卻以次文化重生，成為潮炫的新符碼。

站在漁村文化瀕絕的交叉口，李怡志和團隊選擇走上保存之路，他們協力推動旗津北汕尾的舊海軍技工宿舍活化成為旗津社會開創基地，除了團隊首先進駐，其餘空間轉型為津聲廣播電台、舢舨文化保存中心、旗津灶咖、見學工坊等，並且請來老師傅搭建一座「藏仔寮」，為早期旗津漁民出海捕烏魚時期，在海岸臨時搭建的茅屋建築。

從大漁旗到藏仔寮，李怡志持續打撈失落的漁村傳統，希望縫合世代之間的文化記憶斷層，開創旗津人的原鄉認同，把旗津的精神飄揚在驕傲的船首，標示出高雄的海港文化。

2

技藝 手×眼×心

究竟何謂大漁旗？大漁旗是恭賀新船下水的布簾，也是一艘船一生只會掛一次的重要之物。在高雄通常是新船完工之際，親友、同業、合作商家會把祝賀大漁旗連同鞭炮、飲料、禮品一起送到造船廠，造船廠會在進水儀式之前把大漁旗掛好掛滿，如同新嫁娘把新船打扮得喜氣風光，一來給船東做足面子，二來則是集眾人祈願之力，寄望新船可以滿載漁獲，替船東賺大錢。

1

煮糊

糯米粉與米糠、石灰依比例調配，放涼後備用。成功的糯米糊可保持濕軟狀態，不會出水散開或是立即乾硬，但糯米糊有保存期限，調好必須立即使用，冷藏於冰箱可保持約一週的新鮮度。

2

置糊

把糯米糊舀入糊筒，依照布面草稿線條擠上糯米糊，施力必須平均才能畫出粗細一致的連續線條。糊筒形似擠花袋，用法原理也差不多，但卻是用防水的型紙或人造皮革製成。

3

撒沙

趁著糯米糊濕潤狀態，撒上西子灣的黑沙增加厚度。黑沙使用前必須先用網篩過濾，使其粗細一致無雜質。使用其他地方的沙也可以，只有不能使用具有毛細孔的貝殼砂，因為貝殼砂容易吸附水分，防染效果不彰，可能還會有反效果。

4

霧溽

畫好糯米糊線條後，把布旗翻轉到背面，用噴水器施灑水霧直到整張布略濕，利用毛細現象加強糯米糊與布旗的咬合，但因糯米糊還是濕潤狀態，也不可過度噴灑，容易使糯米糊沖刷流失。

5

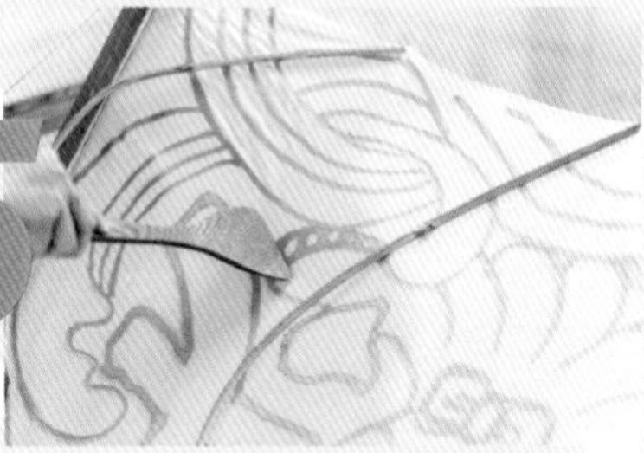

晒乾

使用木杓輕刮背面，增加糯米糊咬合度，接著晾於太陽下曝晒2～3天，直到糯米糊完全乾燥，若是室內陰乾則所需時間較長。測試糯米糊是否完全乾透，可用清水稍微澆淋局部，若布旗背面線條沒有濕，表示不透水效果良好，即可進入下一階段。

6

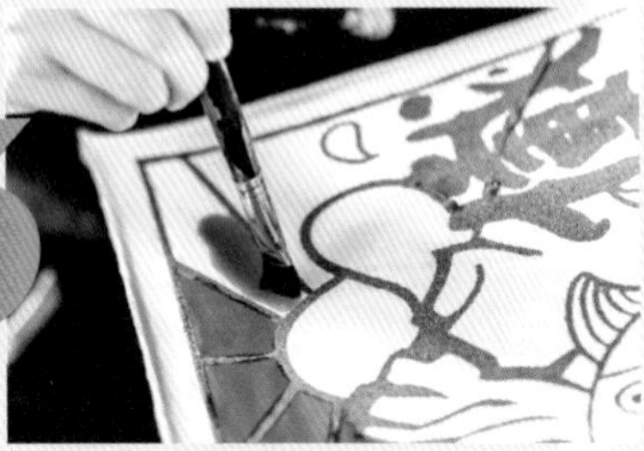

上色

用畫筆沾取染料在布面著色，注意染料不可過度浸濕糯米糊，以免防染效果降低。早期大漁旗使用的是間接性染料，使用酸性化學物質來定色，但危險性較高且易侵蝕皮膚，於是改為直接染料。

7

烘乾定色

著色完成的布旗置於室內陰乾，或是用烘乾機去除水分。直接染料需要經過熱處理才能定色，把布旗折疊整齊並用報紙包捆好，放入電鍋加熱（外鍋可加少許水）。

8

清洗晒乾

電鍋跳起後取出，把布放入溫水中先初步洗去糯米糊。緊接著，移到大量冷水中泡洗去除多餘染劑，建議打開水龍頭保持水流動狀態，避免染劑又被吃回纖維，影響成色效果。最後，把布晾掛晒乾或是用吹風機吹乾即完成。

石滬漁法

風土，是連結人與海之間的情感。

技藝，是修復人與海之間的橋樑。

文字、圖片提供—楊馥慈

楊馥慈

海生海長的澎湖人，透過石滬找回對家鄉的情感，因而決定留鄉，持續與石滬修復師與在地漁民學習傳統技藝，傳承在地文化，並創辦「離島出走 isle.travel」品牌，期望透過旅行與設計，讓石滬以新的姿態，走進島嶼人的日常之中。

past

present

future

看見澎湖之最，海洋的心脈

石滬，是人與環境互動下的產物，也是世界性共通的古老漁法，在全球多國都有文獻記載，曾有學者比喻其為「漁業文明的活化石」。在台灣澎湖，石滬文化至少擁有三百多年的歷史。百年來，先民觀察水勢、就地取材、建造石滬，利用潮水的漲退規律，將分散零星的漁獲集中於一處，以便於捕捉，進而養家餬口。

在「外貌」方面，澎湖石滬極具特色，相較於其它國家的石滬多為弧形構造，澎湖的石滬很「有心」；因應特殊、複雜的水流，澎湖心型石滬的完整度與密度，堪稱世界之最，從空中鳥瞰，一顆一顆海洋之心，數百年來始終如一日，隨著潮汐不停脈動著。

還記得小時候，夕陽西下，爺爺最喜歡背著我去海邊，去看隨著潮汐漲退擁有神秘面紗的石滬。在那個輝煌的年代，石滬備受每位討海人重視與維護，且一座石滬的共同滬權人，會訂立契約，輪流巡滬；如果不小心越界闖入別人家石滬，那可是會招來一頓臭罵的。然而，也因為它的珍貴，每座石滬也成為那時候家族繼承的遺產、女兒的嫁妝、抵

還債物的類不動產。

有些石滬產權複雜，但卻因複雜而珍貴，追溯到百年的歷史，後代的子子孫孫，因地緣、血緣等關係而相連，集體海洋記憶集結成無數關於滬的故事。

1850年代，澎湖的石滬正值蓬勃發展，當時是機械船隻、現代漁法尚未興起之前，石滬是取得大量漁獲的重要謀生工具，直至1950年，石滬的漁獲量甚至佔了全澎湖縣總漁獲產值的近八成。然而，在1970年之後，因動力船艇、塑膠漁網及捕撈技術提升，漁民改以出海捕魚為主，且海岸線又處處築起港口、堤防、魚塭……等設備，造成環境變遷。經濟產值消失的石滬，漸漸不受重視，更因須大量人力與時間修復，導致石滬一座座頹傾崩毀，目前仍在使用的恐怕不到兩成，石滬文化已逐漸被當地人所遺忘……

三年前，剛返鄉時，因緣際會透過在地漁民牽引，第一次走進石滬的場域之中，但這座石滬卻不如印象中「雙心石滬」般的壯觀與美麗，反倒像是散落在潮間帶上的一團散石，毫無任何結構與人為疊砌過的痕跡。在地人向我述說著，這曾經是一座有百年歷史的石滬，當地人稱之為「新滬仔」，但因建蓋魚塭失去漁業價值後，便被滬主棄置不管了。走在這團散落的石塊上，我心中突然冒出了一個想法，「好想親眼見證這座石滬美麗的原貌，我想修復好它！」

先民的智慧，爺爺的祖產，媽媽的嫁妝，屬於澎湖人的集體海洋記憶。

一位靠海不懂海的小孩，因為石滬，修復了與家鄉之間的情感。

在茫茫大海中，我們找到了碩果僅存的傳統匠師，「石滬匠師」在過去並不是一項職業，而是生命歷程中習得來的討海技能，因此大多數人會認為這不是一項專業，尤其剛見到這群匠師時，我會稱呼他們為「師傅」，但他們卻回：「我們只是做工的人，不是什麼師傅啦！」

修復石滬，並不是件容易的事，一年之中僅有5～9月的時間適合修復，且一個月內僅有13天左右的潮汐適合施作。趁著退潮時，連續四小時，在不好走的潮間帶上，搬運上百千斤重的玄武岩，再將一顆顆石頭砌成抵浪、穩固，能成功集中漁獲的石滬。每天小傷不斷，被蚵殼割傷，被石頭壓到瘀血，是家常便飯。而這些年過半百的老師傅，他們究竟為什麼願意投入，帶著我們學習？

修復的過程中，我與團隊將石滬修復轉譯成有趣且容易親近的漁法體驗，創辦「離島出走isle.travel」的品牌，吸引了許多遊客、親子與學校團體來參與體驗，期望透過友善生態的旅遊模式，讓村落的文化資產可以永續保存下去。同時間，也看見師傅們態度上的變化，一開始他們感到訝異與不解這時代怎麼會有人想修復石滬？但在過程中看見特

地飛來澎湖和他們學習、參與小旅行的體驗者、小學生跟著他們在烈陽下一起搬運石頭後……慢慢地，師傅開始對自身還擁有這項技藝感到驕傲，也願意分享更多技法協助我們記錄，甚至成為傳承技藝最重要的橋樑。

起初，家裡的人對於年輕人回鄉並不是太期待，尤其自己又總是做些讓他們感到困惑的事。和石滬匠師的工作時間，隨著潮汐漲退而定，在烈陽下晒了一身黝黑的皮膚，有天阿嬤忍不住問我，「妳到底是每天跑去哪，還把自己晒得這麼黑？」

禁不起阿嬤的拷問，支支吾吾的回答「沒有啦，我去跟村內的老師傅學習修復石滬」，阿嬤聽了大吃一驚，露出不可置信的眼神看著我說「妳去跟老師傅學修石滬啊？」這回答肯定讓阿嬤出乎意料，雖然家裡就是從事討海工作，但我小時候卻常被教育「海很危險，不要靠近」、「女孩子不要學這些！」，導致我成了一位靠海不懂海的澎湖小孩。

沒想到在最後的對話裡，阿嬤回著「不然妳學成後，就去把我們家族的石滬修好！」，本來一開始聽到阿嬤反應有點難過的自己，一聽到「家族的石滬」這幾個關鍵字，情緒立即轉為興奮，趕緊翻閱過去的文獻，便在早期的調查中看見家族的石滬，上頭清楚記錄著祖先的名字，當下的情緒難以言喻，幾度哽咽。

剛返鄉時總覺得自己不接地氣，找不到自身與澎湖之間的連結，但卻因為石滬，讓我找回了對家鄉的情感，透過這段緣份，讓我相信，石滬擁有無限的影響力，也因而走上文化保存的旅程之中，期望能讓石滬重新走進島嶼人的日常，回到與海洋共好的年代。

藺草編織

風土，是表達地方文化的語言。

技藝，是承載人與人情感的載具。

文字、圖片提供—廖怡雅

廖怡雅

工業設計系畢業，因為一個設計專題自此埋下與藺草的不解之緣，2016年，縱然沒有人看好，還是毅然決然走向創業這一步。現為「藺子」品牌的闆娘，率領團隊投入產業鏈的復甦，期望透過年輕人的努力，發展新的產業面貌。

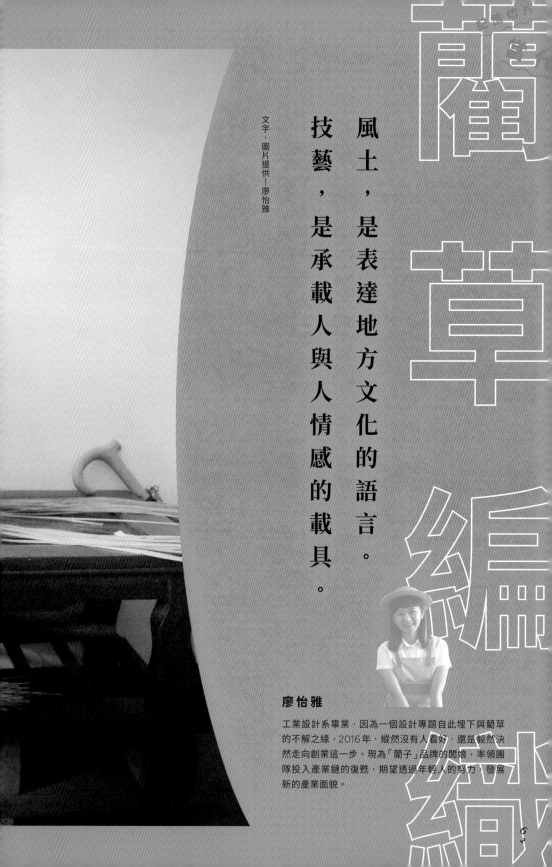

past

present

future

品牌設計，新述藺編價值

上大學那一年，離開生活了十多年的府城台南，來到山城苗栗。步調緩慢的苗栗生活，其實跟高中時的台南有點像，除了冬天有點冷、風有點大之外，我倒是適應得還不錯。大學四年、碩士班兩年，沒有什麼都市夜生活，鮮少逛街購物，但卻接受了不少大自然的洗禮，對於不太喜歡熱鬧場合人擠人的我來說，是喜歡苗栗的。

大三那年，因為一個設計案，跟著老師第一次來到位於苗栗最南端的海線小鎮──苑裡。到了苑裡，我才知道原來台灣還有著發展近三百年的藺草編織工藝，而這些技藝擁有者，大部分都是60歲到90多歲的婦女們。

從那時開始，我像發現新大陸一樣，被這片土地上的人與物吸引，也許是因為苑裡的閩南人居多，讓我想起家鄉台南的外公、外婆……，小時候因為父母工作繁忙，我一直是由外公和外婆照顧著，直到他們相繼離世。外婆離開那年，也是我與苑裡邂逅的一年，雖然失去了最親的外婆，但我卻在此遇到了一群可愛的老人家，最終在這可愛的小鎮落地生根，結婚創業。

碩士畢業後我搬到苑裡就業，第一份工作是擔任NPO組織的專案經理，學著寫計畫、辦活動、跟政府爭取經費，而我做的事情，就是圍繞在「如何讓藺草編織被更多人認識」。為什麼會想做這件事呢？大概就是捨不得吧！捨不得長輩們的心血被廉價賣出；捨不得這麼精彩的工藝作品沒被看見；捨不得從台灣土地上長出來的文化就這樣被台灣人遺忘……，眾多的捨不得在內心發芽，就這樣長成一股倔強──想盡辦法為這份產業做點什麼，就算只是一點點改變也好，我希望阿嬤們有天能告訴我：「會編藺草，是件很值得驕傲的事情」。

在NPO組織中，我學會了各種技能，最重要的技能就是寫

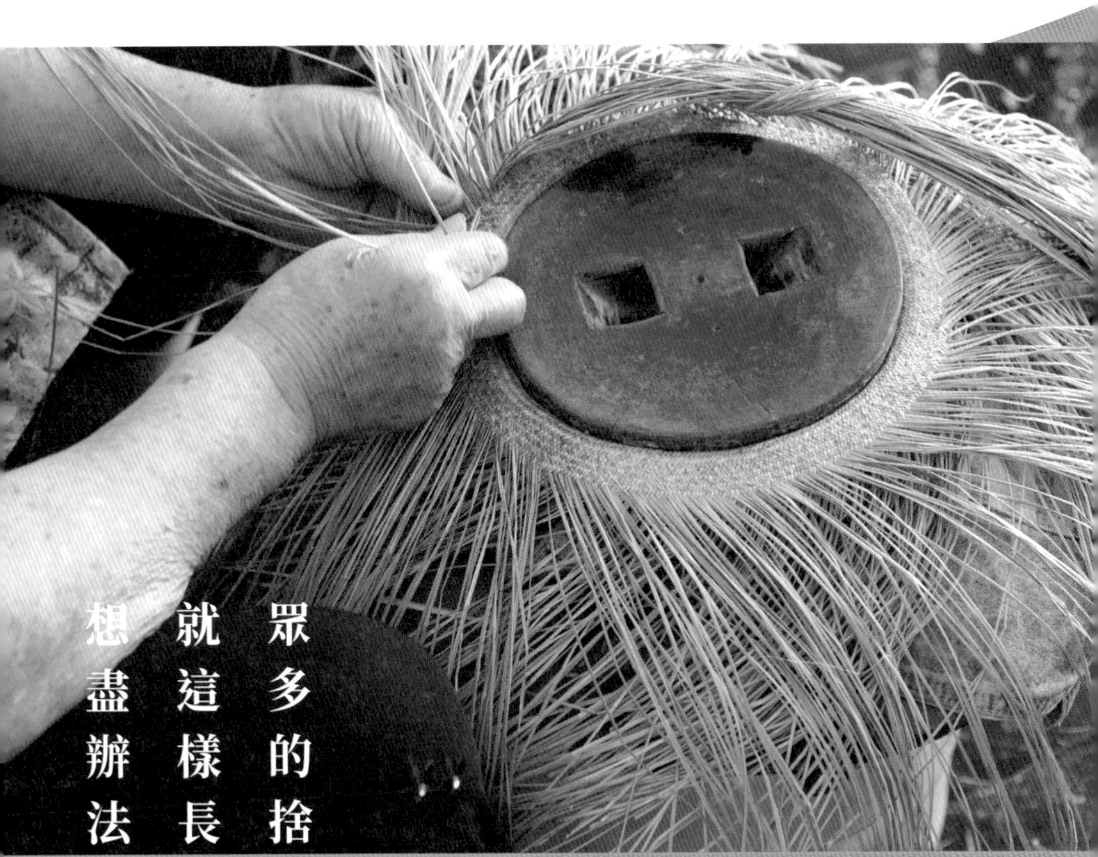

眾多的捨不得在內心發芽，
就這樣長成一股倔強，
想盡辦法為這份產業做點什麼。

計畫、要經費！剛畢業時，天真的以為「補助」這件事情是良藥，沒有想過如何去平衡經濟與文化這兩件大事，直到我接連遇到「老同事」的離開……。我口中的「老同事」，其實就是這些藺編藝師們，隨著計畫補助金額逐年減少，我身邊的「老同事」也一個個失業了。

對於60多歲的長輩們來說，失業，也意味著很難找到下一份工作。其中一位藺編阿姨跟我說：「我一個人住，要負擔自己

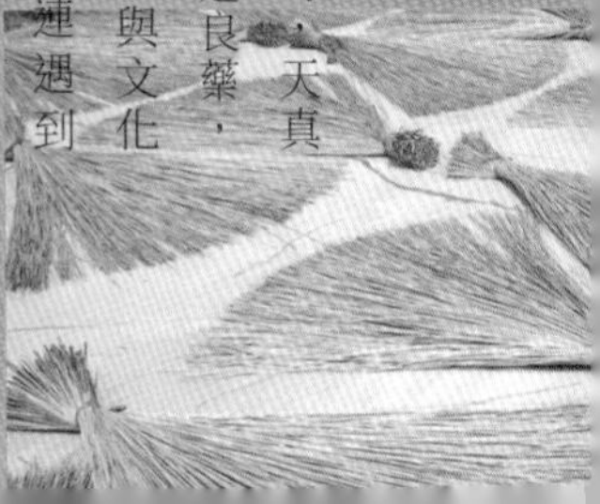

的生活開銷，我不知道失去這份工作之後我還能做什麼」，這是我第一次意識到，單靠計畫補助沒辦法讓產業永續。因此，工作三年之後，我決定離職，透過建立自己的商業模式，和文化保存取得平衡，建立對職人友善的產業環境。

2016年，「藺子」團隊誕生了，就從我和我先生兩個人開始。起初，我們找到4位藺編阿姨跟阿嬤，用高於市面收購行情的標準和她們合作，我一直認為，只有她們自己也認同產業的價值，才能吸引更多人投入產業，所以建立公平貿易關係是很重要的一環，我們透過設計加值及品牌行銷，希望可以創造產業永續發展的機會。

創業過程中，我們收穫了許多長輩們的人生故事，合作的藺編人已從4位成長至45位，我們深信，人與人之間的情感，是這個產業發展的根基；手作的溫度，是這個產業在充滿科技的現代不可取代的優勢。對了！那

位曾經跟我說過擔心自己失業的阿姨，成為我們第一批合作的藝師，四年來她一直陪伴著我們，至今仍能在假日的工作室見到她在現場編織的身影。我們想扮演的，就是成為陪伴這些職人們走過一年又一年的角色。

在努力發展經濟的同時，我們也試著兼顧文化與環境。因此團隊夥伴花了近三年的時間，運用手繪加電繪，將傳統的編織工法一步步地畫下來。也透過與資深藺編師合作，開設長期課程，讓鄰近鄉鎮的經濟弱勢婦女參與培訓，傳承編織技法。

三年前，我們也投入藺草的復耕，透過友善耕作的方式進行藺草種植的研究，在許多前輩的指導之下，我們的田一年比一年豐收，從去年開始也將種植技術分享給更多的團隊。縱然友善耕作的成本相對較高，但為了提供高品質的原料給藝師，也為了土地的健康，我們仍持續努力地維持我們小小耕地的運作，希望有一天，小小的初心能發揮更大的影響力。

藺草編織曾經是台灣中部海線一帶、家家戶戶賴以為生的手藝，撐起一個個家庭，是當地許多人共同的回憶，也是台灣曾歷經黃金年代的證明。對許多人來說，藺草就是小時候家的味道，淡淡的藺草香，是安定的力量、也是充滿情感的載具。

我想把這樣的情感分享給更多人，藺編是民藝，它應該回到人的生活當中，而非博物館中的一個典藏。我們保留了部分藺編品的舊有造型，賦予它不同的使用功能與情景，讓老工藝師可以運用她最擅長的技法，開心地持續編織著。而透過異材質的碰撞，想讓大家看見藺草的不同可能，讓中生代或新進藝師們可以有持續進步與發揮的空間，也讓民眾有更多的選擇。

藺編，可以是一種生活風格，讓藺草編織的美好事物溫暖生活，是我想帶給大家的。

藺編是民藝，它應該回到人的生活當中，而非博物館中的一個典藏。

農棄物再生

風土，是生活出來的風貌。

技藝，是有意識的生產與創造。

文字、圖片提供—美山工作室

林詩樺 & 蔡淺淺

以台中新社區的白毛台為據點，兩人成立「美山工作室」，關注關於人、土地、文化等議題，在不斷的實驗中啟發更多想像，期望透過雙手產出從土地所長出的設計，希望能作為一個平台連結那些不易被看見的事。

past

future

從土地反思，從雙手開始的實驗

我們的工作室，是從小時候生活、成長的山裡出發。

山裡有許多限制，許多東西不是那麼容易取得，也許因為這樣，習慣試著就地取材動手做東西。我們在山裡的日常觀察和活動是「拾廢」，很多東西在眼裡都是寶物——農地上鏽蝕的農具、堆放的果樹枝條、棄置破敗的水果籃、完整落下的棕櫚樹皮、倒臥的大樹根……，整座山像是間大型五金行一樣，每次撿拾的寶物都是為了下次造物的素材而準備。每樣破敗的拾荒物，都會被反覆拿起來思考，還能變成什麼可用的物件。

雙手是做實驗最好的工具，而纖維的操作則多是運用雙手就能達成。簡單的編、結、織動作，加上纖維素材本身的特性，就能讓材料本身創造成很不一樣的狀態。

自然素材製成的物件，不如工業化之後的產品一樣輕易地被淘汰，多是可以依靠雙手修復，並得以繼續使用。而在這樣的使用方式之下，天然纖維產出的物件，生命週期會在幾次反覆使用、破敗、修復後，最終還是能回歸土地。

因為所有材料得來不易，與雙手勞作的慢，使得每個物件都格外珍惜。

曾經參加過與天然纖維有關的計畫，讓我們有機會進到部落裡，看見過去延續至今的人類智慧——從最原始的素材採集，到變成日常使用的物件。因為所有材料得來不易，與雙手勞作的慢，使得每個物件都格外珍惜。

在幾次進到部落裡的體驗與實際的實驗操作，也讓我們更清楚回到山裡工作室能做的事，就是為人與土地耕種，深刻的記錄下來，我們希望透過雙手的工作加上設計的思維，改變對待土地的方式。

工作室所在的村莊，以種植高經濟價值水果為主，我們觀察到此類型作物栽種過程中，會產生相對大量的農業廢棄物。大眾對於農產品除了要求美味，市場上也有著「美觀」的競爭，這使得作物從生長一直到進入消費市場期間，產生非常多「保護措施」。

農民為了提高作物品質，使作物不受蚊蟲叮咬、刮傷、曬傷，願意投資較高的價格在專業的水果套袋，於是各種不同厚度、功能、材質的套袋，在每個果園以數以萬計的量長出。這些保護措施，包括噴上塑膠薄膜的防水紙套袋、泡綿水果網、內藏鐵絲與塑膠縫線的水果套袋等等……，大多數都是難以在農地上被自然分解的材料。

十多年前，還能在村莊中見到每季收成後，農民將厚厚的套袋回收整理，待明年果實長出繼續使用，當時水果套袋的生命週期能長達1～2年，直到破爛不堪使用。

產業越來越精緻之後，投入的成本跟資材也越來越多。過去以大盤商收購為大宗的商業模式，轉型成直銷為主，每年帶來的收益不需要辛苦回收「堪用」的套袋。它們的生命週期在水果進到包裝禮盒中就結束了，看起來完整沒什麼損壞的套袋，相較於高收益的禮盒只是微不足道的存在。而難以回收處理的套袋，最簡單的處理方式就是在農地上就地焚燒，因此每年產季同時也是農村裡濃煙密佈的季節。

當農人忙著採收之際，我們的工作就是撿拾與記錄：一包包堆積於路邊準備焚燒或丟棄的梨袋、葡萄包裝袋、農地裡散落著固定作物的鐵線及接著梨枝的膠布、路邊一架架鏽蝕的葡萄梯、包裝禮盒裁切下的大量紙屑、破損的水果網和防撞海綿、綁紙箱的PP繩……，這些都成了影像與文字記錄的主角。

在作物豐收的同時，我們也努力將農地上「豐收」的廢棄物進行處理。現在的水果套袋成分早已不是單純的紙材，拆解後，裡面還有細小的尼龍繩、鐵絲、廢枝條、電火膠布……，複雜的成分難以進到一般回收系統，搶在焚燒之前，它們還有什麼其他可能？

我們曾結合基礎的纖維編織方法，將農棄物回收整理，利用其因農作需求不易腐敗、防水的條件，用雙手能達成的工藝手法設計一系列「籃」、「墊」等能夠回歸日常所需的器具。也曾經以農村中常見、堆放資材的木棧板，製作成可拖拉移動的拖車，放上廢棄砧板製成的木桌、茶湯小點、廢棄葡萄和柿子套袋製成的蒲團；以村莊中常見的泡茶串門子概念，結合我們製作的套袋蒲團，讓物件能夠真正在日常中被使用。

土地上待被解決的問題，用雙手耐心的整理與再製。雖然僅僅是延長棄物的生命週期，卻是

土地上待被解決的問題，用雙手耐心的整理與再製。

我們能力下能將多樣材質轉化的實驗，讓更多人看見農棄物再利用的可能性，最好的方法。

將農地上的紀錄對外呈現，透過利用棄物作為素材進行創作，希望在農村內發生的事情能讓遠在農村外的更多人看見，也期待有機會連結專業、共同思考如何解決農業廢棄物的根本問題。

技藝對我們來說，也許是在某個條件背景限制下的思考與產出。在農村駐點是個難得的條件，暫時無法解決的農棄物源頭問題，是一個事實。能夠深刻且長時間的觀察記錄，利用這項條件連結農地內外，作為一個平台顯影那些不易被看見的事，是目前我們在努力做的事。

舌團隊

江舟航

老家在六龜，擔任「日食生活」甜點工作室總監，從廚師跨界文字創作。在團隊主要負責採訪撰文，也會將採訪食材研發成食譜。

洪榆橙

為「日青創藝」主導者，策辦藝文展覽、活動，及文字與設計整合，擅長梳理地方、空間的脈絡，在團隊主要負責採訪撰文。

朱珮甄

喜歡音樂製作，曾在台北滾石唱片追夢，回到高雄後長期蹲點那瑪夏區達卡努瓦部落，認識不少線民，在團隊擔任企劃與撰文。

林美秀

任職高雄市政府文化局，是本系列圖書的重要推手，負責邀集各路文字、攝影、插畫工作者們，記錄高雄百工技藝，統籌出版。

林佩穎

超級斜槓青年，領域包含藝術、社區方面的研究案、展覽和計畫。曾書寫鹽埕與旗津的港都生活，在團隊主要負責採訪撰文。

熟手の慢工細活初登場！

文字—謝欣珈
攝影—盧昱瑞
場地協力—打狗文史再興會社

盧昱瑞

高雄人，拍紀錄片，也著書。目前持續記錄高雄阿美族船員的生活故事及人文紀錄。在團隊中擔任攝影。

余嘉榮

愛四處晃蕩的文化工作者，擔任「透南風工作室」工頭，在團隊除了撰文和拍攝之外，也擔任企劃四處打聽哪裡有厲害的藝師。

蘇福男

高雄茄萣人，任職於自由時報，樂於當個資深的庄腳記者，最愛報導隱藏在鄉間的人情趣味題材，在團隊負責採訪撰文。

李阿明

自稱無業遊民、下流老人，曾任報業攝影記者，離開媒體後，賦在前鎮漁港顧船，拍攝外籍漁工生活，在團隊中負責攝影。

鍾舜文

作家鍾理和孫女、鍾鐵民小女兒，出生於美濃笠山山腳下。純藝術創作畫家，以膠彩畫作記錄生命中的風景。在團隊中負責攝影。

荖濃溪、楠梓仙溪、高屏溪……源自山林，流經低地，直至大海，片片流域構成大高雄地區，聚集各個先來後到的族群。曾經，流域上的人們習於以技藝過生活，時代變遷，人們流向現代化的工業與都市，技藝漸被取代而遺忘。一群熟悉在地的藝文工作者，看見這不可逆的趨勢，於是以高雄市政府文化局領頭，自２０１８年開始尋訪山中部落、海邊村落、城市街巷裡的藝師，以記錄「高雄百工圖」的企圖，重磅出版《熟手の慢工細活》系列套書。

地味（後簡稱JIMI）：請談談本系列書的源起。

林美秀（後簡稱秀）：為什麼會有這兩本書，還有即將出版的第三本縱貫線，其實是從《我和我家附近的菜市場》開始和作家合作，做完以後覺得反應很好，隔年又出了《南方人文駐地書寫》六本、還有《有詩同行》，覺得這種書寫模式很好。所以，就想繼續找跟生活比較接近的場域空間或是人，不過我也忘記為什麼當初是會找百工……。（突然停頓思考）

江舟航（後簡稱航）：當初就是想找一百種職業，就是高雄山線跟海線，一些比較少人去的地方，把一些特殊的技藝拿出來，從技藝去拉這些老文史。其實技藝跟人的記憶也是同樣的意義，比較傳統、慢慢消逝的這些產業，讓大家同時接近這塊土地，用不同的角度去看高雄這個地方。

秀：我們真的都從無摸索起，所以企劃執行芷琪（林芷琪，擔任企劃、文字）跟嘉榮（余嘉榮，擔任攝影）真的幫了很大的忙，芷琪從莫拉克開始就在社區，幫忙找到一些工藝師，幫我們做聯繫。當然嘉榮也是，海線一定要找他，在海邊luā-luā-sô（賴賴趖，台語沒事到處閒晃之意）。山線就是他（指江舟航）他是六龜子弟，會美食、也會文史。然後我就找了十來個作家、攝影、插畫，他們都是無業遊民，滿好找的！

航：他（指林美秀）算是主編。

秀：我就是把大家串起來的平台。

航：是一個惡勢力的角色（笑）。他認識很多作家，然後一些文史工作者。只要美秀姊一邀，我們都會一起參與。

秀：因為他們都有申請過我們（高

雄市文化局）的計畫。（對余嘉榮說）那你呢？你都沒申請過？

航：他是在地勢力，不用參加計畫，以外卡的方式。

（這時候，李阿明進來）

余嘉榮（後簡稱榮）：阿明來了，等下就要歪樓，正經的要趕快講！

JIMI：這些藝師是怎麼尋找的？

秀：其實出第一本的時候很緊張，怕出不來，但經費都下來了，頭都洗下去了……

榮：所以那時候就到處放消息，打聽哪裡有會技藝的人。

秀：過程都是走到哪裡做到哪裡，講好聽一點是有機啦，講難聽一點是亂？

榮：因為有些快消失的技藝，可能要找的人掛了，也找不到其他會做的人，只好調整，這就是有機。所以那個有機，其實也是因為它是消失的工藝，所以就不容易採訪。

秀：或是像去內門，本來要訪談「打面」（phah bīn），人都已經到了，但他們有他們的忌諱，現場變成不能採訪。只好拉著理事長問，他人也很好，告訴我們哪裡有阿伯可以訪，就是靠這種方式找。而且我們每到一個地方一定要吃個中餐或晚餐，他們才甘願回家。

林佩穎（後簡稱穎）：沒有，是美秀姊也想要吃！

秀：我們連去吃個東西都要問人家，你們這裡有什麼特別的東西。這個模式慢慢建立起來，第一本山線就靠這樣邊走邊訪，第二本海線就又更聚焦一點，第三本縱貫線更有系統，芷琪會去文建會、文化部、工藝所去找相關資料，打電話問，有機到慢慢已經有系統性。然後我們的企劃本身也滿有sense，會盡量讓它重複性不要太高、多元一點。

JIMI：採訪現場的實際狀況？

穎：訪問現場的狀況都很難講，可能原本預設是怎麼樣，到現場又發現別的好玩的事情，就可以再把它加進來、延伸。我覺得跑現場的感覺很好，但真的有點累，比起自己在家裡寫東西，現場這件事情充滿刺激感跟新鮮感，所以回來腎上腺素飆高再降低以後會有虛脫的感覺，但是很好玩啊，每年都要來一下的感覺。

洪榆橙（後簡稱橙）：而且我們都是一車七、八個人出去，有兩、三個寫手加上攝影和美秀姊，一次跑兩、三個地方，比如說我在訪的時候，其他人在旁邊就會開始研究藝師的作品，說超厲害什麼的。自己去訪問會感覺比較孤單、會緊張，可是一群人的時候，氣氛會有一種好像夥伴的感覺，跟去的人也會覺得很有趣，看到工藝的時候也會很興奮。

穎：是彼此知道在幹嘛的夥伴啊。

橙：而且都是大家喜歡的東西。

穎：會互相hold，就是有一個team的感覺，比較舒服。自己去的話好的壞的都要概括承受。

橙：而且美秀姊會在，有一個可以決定的人，現場有什麼狀況可以即時做一些判斷。如果我只是一個採訪者出去，我不知道後面的編輯會怎麼去想現場的狀況。我覺得這是一個很舒服、很安全又很愉快的採訪。

航：美秀姊還會買很多東西，買到欲罷不能……

李阿明（後簡稱明）：我要補充一下。我以前在報社因為編輯不在現場，看到文字寫的文稿就會說「為什麼你沒有拍這個」，攝影就死在那邊。或者像去佛具店，只有木頭跟一個師傅在那邊刻，攝影元素非常少，又要很多照片，攝影壓力會很大，編輯（指林美秀）跟我們到現場就會了解實際狀況，馬上可以溝通。

秀：其實我們攝影也有先討論好，要大景、工序，還有一些角度特寫。他（指李阿明）常常會忘了拍大景，因為已經融入受訪者，聊開變成好朋友了……所以我們有去的話就會提醒。

榮：阿明跟受訪者都喝起來了。

明：因為我非常不喜歡安排編導，我寧願跟你在那邊lā-sái（抐屎，台語漫無目的亂聊之意）、在那邊聊，再抓快門拍出來比較自然。

鍾舜文（後簡稱文）：我也不太喜歡擺拍，所以一群人出去的好處就是我可以不用跟受訪者不斷聊天，只要在旁邊專心的側拍，受訪者有對象可以跟他們聊，就比較不會注意到相機。比較困難的地方，是職人的手太快的時候，像那個赤山粿蒸籠一開，我們想像中要的畫面是白煙飄動成什麼樣的狀態，問題是有時候一開，煙太多，或是他剛好擋住視線，我就要退，但又來不及，而且他們就只要去兩次而已，之後就要再等下一鍋，不過我也不會叫他們停一下，我覺得就是不要去干擾他們工作。

穎：有的受訪訪者會規定，要台語好的他才要聊，對不對？（眾人點頭）所以只有昭華（王昭華，擔任文字）可以去，她台語最好，我們都只有半仙！

JIMI：過程中印象深刻的採訪經驗？

文：我去採訪過東華皮影戲，看到很多可能從日治時期就留下來的，年代超級無敵久遠的腳本、手繪，就覺得挖賽！整個屋子都是寶貝！很珍貴、很不得了的一手資料，而且還很完整，會覺得滿驚豔的。

只是也會覺得有一點可惜，因為他們的東西已經是博物館等級卻因為人力、經費的缺乏，沒有辦法好好收藏跟處理。其實他們也知道這些東西很珍貴，可是也很難有多餘的心力、時間，因為那些東西可能有些需要修復，或者光是一個好的儲藏空間，都會是一個大問題。所以我們也會覺得，到底這些技藝的未來還可以怎麼走？我們其實會想，可是我們自己也無能為力。

秀：有時候他們對公部門也沒信心，不敢捐，怕寶貝的東西一捐出去就回不來、不會被妥善的安排。

文：對，回不來然後也看不到。

榮：我也遇過很荒謬的，我在屏東看到一個木雕，非常喜歡，就問那個部落的人有在賣嗎？多少錢？他說五千，我馬上買下來，問他可不可以帶我去找作者簽名，他就帶我去找一個頭目，結果頭目看到那個作品就說，「你為什麼有這個！」我說我在部落展售中心買的，他說那個怎麼可以賣！他們借我的東西去展！而且已經賣三件了吧……

重點是他家全部都木雕，都是白蟻在蛀，他希望公所可以弄一個文物館，但公所覺得麻煩，因為要管理，但是小英總統就職的時候，屏東縣政府還選了那個頭目的木雕去送她，卻沒有人願意找個20坪的地方放那些工藝品，不過他後來就不做木雕了。

秀：我覺得可以討論一下我們的困境。就是說這些工藝其實都沒有產業鏈，就是自己家在做。其實我在想怎麼幫助他們繼續下去？把這些人找來辦一個展覽？但是之後怎麼讓他們可以延續下去？

朱珮甄（後簡稱甄）：我覺得很多東西都需要產業。我記得舒米恩講過，阿美族是母系社會，都是女性在做編織，但是因為沒有人了，男生他也學，還要用在產業，他不想要以後只能在博物館、或是美術館才能看到阿美族的編織。

文：像朱朱剛剛提到的，這些師傅手藝還在，就是出路的問題。像前幾年，苑裡那邊的藺草，好像也有年輕人開始用比較新的設計概念去結合老的工藝，重新轉型，變成好像是我們現在講得很文青又很時尚的新物件，可是它其實也屬於老工藝，只是就轉了一個身，重新被活用，被年輕人接受。其他的工藝要怎麼去跟現代社會的消費者接軌？還需要再試。

甄：那瑪夏「深山裡的麵包店」也是，一開始學做麵包，有十幾、二十個婦女都很有興趣，但是不到兩年都走光了，現實的問題出來了，做麵包沒有賣就沒有收入，這些在山上的婦女要面對很現實的問題，家裡要學費、生活費，那我怎麼跟你拼？怎麼跟你耗到這個品牌成立賺錢了再來拿錢？不可能。所以我覺得最大的問題還是在於沒有一個經濟的支柱。當然每個部落的狀況不一樣。

秀：像桃源做編織的cina（布農語，女性長輩之意）也是，她簡直就是寶，可是你知道她多辛苦嗎？平常去學校煮飯，自己又開雜貨店，體力很好可是也老了。我覺得政府應該給她老藝師資格，有點像日本，一個月有三、五萬，然後你做出來可以傳承、典藏。其實我們都有看到一些困境，可是我們又無能為力……

航：可以團購啦。

秀：但我們能買的也是有限。

榮：也很少東西可以買，那個王船一艘十幾萬、三十萬啦！

秀：還有像那個苧麻他根本也不賣，就是做這麼一個，只打算傳給他的小孩。

JIMI：採訪完對於傳統技藝的看法有改變嗎？

蘇福男（後簡稱男）：就我採訪的王船來講，雖然現在祭典越來越受到重視，但還是看熱鬧的角度，對於王船的傳承，很多傳統工序工法，隨著老師傅凋零慢慢失傳、或是變成現代的工法。

但是傳統工法有很多宗教的涵義，像王船中間那一塊叫做「艕」（音嗆），大小跟材質都要擲筊請神明指示，這些內涵我有點擔心慢慢的會消失。或是會便宜行事，現在有很多裝潢師傅來做王船，其實這是兩種不一樣的工法，裝潢比較快速、很多東西不會很講究，比如很多老師傅堅持用老紅這種木料，但有些廟覺得王船造好之後就是要燒掉，便宜就好，工法也不用去講究，這樣很多的古老技藝就會慢慢消失，我有一些擔心。

橙：很多技藝在台灣其實是沒有辦法存在的，我覺得有一點遺憾，會想我在裡面可以做什麼。剛剛講可能是產業的問題，和師傅們沒辦法延續下去有很大的關係，可是我有時候也會看到一些新的可能性，還是有人會去學，也許不是原本的那個樣子了，它會有一個新的面貌，新的創作者或設計師，把這些技藝做一些新的創作跟轉化，我會覺得這是屬於這個世代新的傳承。另外我覺得很有趣的是，很多以前我不會覺得它是技藝的，在這幾本書裡面被開拓出來，很多素人都在裡面被發現。

文：而且原來還有這麼多是自己完全不知道的傳統手工藝存在，發現我們對於這種傳統技藝的認識其實是微乎其微的。一方面也覺得很可惜，我們還趕上一點點末班車，看到一下下，可是往後的小孩子可能都會是完全不知道的狀態吧。

橙：我覺得工藝品其實都是為了生活所需，或是一個時代生活縮影。我覺得也很有教育的功能吧。有時候我們只看到當代歷史的一部分，可是他們交織在一起的時候，就變成了整個台灣，在看的時候我才會知道說，原來曾經有這樣的生活，視野會被擴大。

穎：我自己觀察手工藝在民國50、60年代是鼎盛時期，那時候大家都要òh-kang-hu（台語學功夫之意）到了70年代後，進入工業時代，幾乎所有東西都可被機械取代的時候，反過來回去理解這些手工藝，他們就變的很特別。

　那是可以非常細緻去觀察、去訂製，一個人需要什麼都有辦法客製出來，而且是一個產業鏈，像鹽埕就有完整的產業鏈，從布料、鈕扣、裁縫師都串連在一起。談工藝在山線是很日常的，但是在海線因為經濟狀況不太一樣，它就是一種產業。我就覺得工藝的面貌其實很多種。

JIMI：後來與受訪者有延續的互動嗎？

穎：鹽埕有一間內衣店我還滿喜歡，後來我有再回去跟他買，還回購滿多次，我覺得滿好穿的，可是我有帶我媽去，她就覺得這個比較古早款，很高腰，但是確實對我們來說覺得滿有新鮮感！

秀：對對，那家內褲也滿好穿的！

航：這個也要寫進去嗎？（大笑）

穎：可以啊！

秀：還有那個雨傘店，他都是做修補的，我也常常拿雨傘讓他修。

穎：應該是說，接觸了以後，覺得這間店真的不錯，我們就會實際的去使用它。我們採訪了很多老行業嘛，這些老行業好像有很長一段時間，慢慢沒落和被忽略，但是我們有一種新的角度去了解它們，或者是去跟它們接觸的時候，反而覺得這些老行業有一些很特別的地方，尤其是在這麼扁平化的世界，譬如說你在百貨公司裡面，所有東西都一樣，它反而是某種選貨參考，就是一種時尚。我也還滿享受那個過程的！

榮：我們去採訪高雄杉林的金興社區，有一個鱷魚嬤會做猴竹花掃把，我們拿到透南風店裡去賣，他們跟我開玩笑說一支700，我覺得還好，因為要採要晒要編，很費工。有次我顧店，真的有一個貴婦走進來，拿著掃把問怎麼賣，我說700，她說那麼貴，我說你知道這要花多少功夫嗎？講一講她就買了。後來我跟部落的人說我賣了兩把，他說你頭殼壞去喔？那個150啦！（眾人大笑）其實很多工藝他們都沒看到自己的價值，我覺得這幾本書某種程度就是提升他們的價值，還有自己的信心。

JIMI：參與這套系列書最大的收穫是什麼？

男：平常我在報社的時候可能沒辦法寫到那麼細，或是不知道這個工藝師在哪裡，經由這次的參與，又有很多東西可以報導。我覺得對工藝師來講，有更多人看到報導會給他無形的鼓勵，他就會認為說，原來他這個東西是真功夫，有一種自我肯定。

榮：順著男哥的話，我覺得最大的收穫是因為很多工藝師我都認識，有一句話叫近廟欺神，就是說他不覺得自己怎麼樣，也不覺得你怎麼樣。這次機會讓我有一個正式的身份，帶文化局來採訪，很正式的去記錄這件事情，對被採訪的人來講，就是一個肯定。我覺得我也真的給人家鼓勵到啦！

橙：我的話，一個是在團隊裡滿驕傲的，有人談到相關題目的時候，我都會把這兩本書拿出來，當作一個很好的範例，而且居然是公部門做的。我覺得這個團隊的組成和採訪的對象都是關心工藝、關心地方、關心人的一群人。另一個是感動很多吧！有時候去到小巷啊，或是山裡面繞來繞去，受訪者就在一個看起來像工寮的地方做他的東西，一輩子專注的做，東西堆在一個倉庫裡面，我們看到就覺得，哇！閃閃發光非常的神奇。

穎：這麼多人因為工藝連接在一起。我很喜歡看到不同的人，覺得很開心。

甄：我覺得對於自己生長的地方，我們真的都認識不夠，學校也沒辦法教我們。我覺得我很幸運，有機會到現場去，看他們的生活，看到這些工藝。但我也覺得工藝家都很孤獨，像我採訪鳳山的竹椅師傅，四、五十年來他每天的行程就只有從鳥松家裡到鳳山店裡兩個地點，他可以做一件事情這麼專注，看起來孤獨但樂在其中，實在很讓我佩服。

航：我的收穫是認識很多不一樣的人。像我在六龜帶小朋友手做課程，就會讓我採訪的山茶媽媽去教小朋友怎麼揉茶，傳承到下一代的小朋友，讓他們認識這塊土地上有趣的故事和物品。還有很多長輩來說小朋友上課回來都會做，讓我滿感動的，也受到這些事情的肯定，更認同自己的家鄉。

明：我最大的感受是，在這小島上還有這些人很認真的在做自己的事情，或許不是什麼大事業，這是我最欽佩的，也自我勉勵。還有最大的感動就是人與土地的溫暖，或許他們在角落微不足道，可是你願意去接觸。

秀：我們希望我們出版的書能拋磚引玉，讓很多人感受到技藝的美，有機會讓它細水長流。它不是很明亮，但是它就是一個小星星，在那裡閃爍閃爍。

一直以來在準備的，是自己

在稀少無人的山徑中，堅持邁步節奏。柏宏與大膽相識於戶外活動，兩人在自然荒野獲得的並不是征服未知，而是逐一揭曉自身的極限。離開城市、進入鄉間，很多人花時間準備移居生活卻鎩羽而歸。他們在看似率性的決定中穩穩著陸，或許正是因為一直以來他們在準備的，是自己。

文字整理—小海
攝影—李忠勳

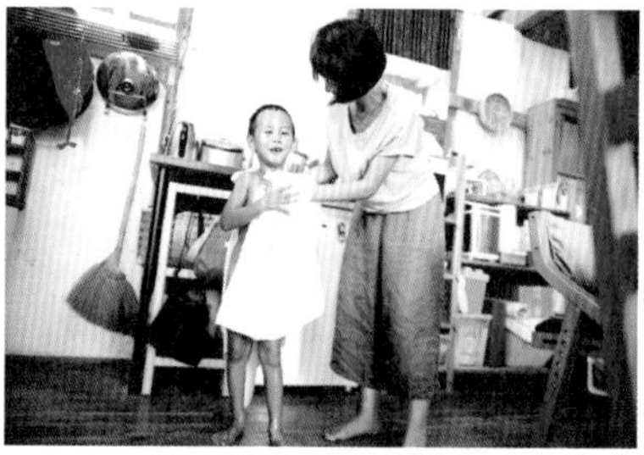

Another 移住者告白 Life

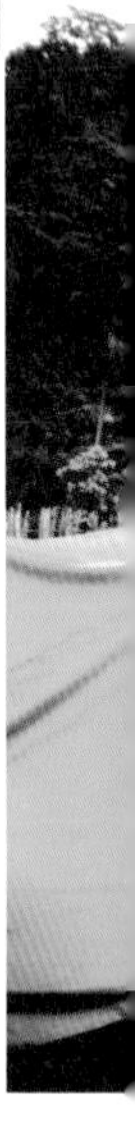

告白者

大膽 & 柏宏

從台北到台東育有一子的兩人，開始習慣變化也是一種計畫。育兒與移居進入第五年，一切安好。

在移居之前，你們各自過著什麼樣的人生？

大膽：我是一個普通上班族，在企業中做行銷工作。大學時因為念傳播，畢業就進入相關領域。一開始是在公關公司，不過那裡的節奏太緊湊，生活作息顛倒我很不習慣。後來選擇進入一般企業，單純做商品行銷。

柏宏：我是念造船相關，在決定搬到東部之前是在新加坡工作。我是從新加坡一離職就直奔台東，轉換幅度雖然有點大，但我覺得已經醞釀很久。

小時候我在台灣師範大學附近成長，雖然說是典型都市小孩，但家族在三峽鄉下有田，過年放假時總會回去。另外，國中時我是接受實驗教育，五育均等的態度讓我對體育這類術科和學科同等重視，我相當喜愛戶外活動。這些過程可以說是很都市，但也都累積了我對自然親近的能力。當兵階段我開始有閱讀習慣，許多書籍的描述開啟我對野外工作的想像。在那之前，我本來對未來生活的想法就是跟多數台北人一樣。

大膽：我也是北部小孩，但沒有這麼鬧區核心，是在新北樹林長大。和自然的相遇是在大學時期接觸登山社。我還記得高中時曾在電視上看到大霸尖山空拍，發現台灣居然有這麼美的地方，剛好進入大學就遇到登山社前往大霸尖山。這一走讓我迷上山野，也遇到柏宏，我們是在一次溯溪的活動認識。

柏宏：認識大膽是在我工作的時期。當時有個同事是戶外俱樂部的，我開始接觸攀岩溯溪。到後來甚至在不外出的時候，也迷上介紹野外自給自足的電視節目。

是什麼觸發了移居的想法？

柏宏：工作不久後，我得到一個去新加坡任職的機會。理論上來說是

很好的職缺，但在那裡我卻覺得難以忍受，最終做不到一年。

新加坡是個非常人工化、階級壁壘分明的社會，一切都制式單調。開始工作後我想著難道十年後都是這樣的生活嗎？另一方面，那年剛好發生福島核災，我有種人生不會等我的焦慮感。在這種思慮下，我常常邊工作邊聽陳建年的歌抒壓，有時從影音頻道看見台東景色，那些我未知的地方美到像天堂一樣。我就知道現在的生活對別人來說或許很完美，但不是我想要的。

大膽：我從來沒有想過搬到台東或是移居他鄉，真的是因為柏宏先動身了。最初還有考慮是否要搬去新加坡和他一起生活，沒想到真正接觸移居是到台東，而且不只是空間的改變，也包括生活類型的轉變。

我在台北台東兩地跑的遠距離階段，不是沒有想過到台東生活。但我雖然喜歡登山，卻不知道在鄉下可以做些什麼。每次在池上萬安待稍長時間，總會覺得孤單，身邊的人和我年齡、語言都有隔閡，大家一直談種田我也不懂。所以關鍵是柏宏決定離開萬安，搬到鹿野龍田時。在鹿野我們慢慢遇到其他年輕移居者的社群，我覺得被接納，最重要的是我想生小孩了，這裡的環境讓我覺得是可以組織家庭的地方。

柏宏：當時會到台東也不只是衝動想想而已。在新加坡工作那段時期有遇到年假，我用過年期間在台東踏查一圈，在池上萬安得到一個類似換工的機會。我想如果要過著自給自足的生活，最初步也得有務農的能力吧！於是決定抓住這個機會。

當時沒跟大膽商量太多，不過我知道她在本質上不是物質需求很強的女生，而且她的登山愛好說明著是願意親近自然的人。

從移居到定居的心路歷程？

大膽：來到鹿野後，我們大概搬了五次家。租房子時總會遇到房東規畫忽然改變，我們的計畫就得調整。

柏宏：鄉村對約定的概念不是白紙黑字，而是人情，所以一開始真的常被趕來趕去。不過我們還算運氣好，當時移居東部的小農風氣不算旺盛，找房子都還順利。現在搬來的人多，已經越來越難找到房子。

大膽：要說到真正「定居」，一方面

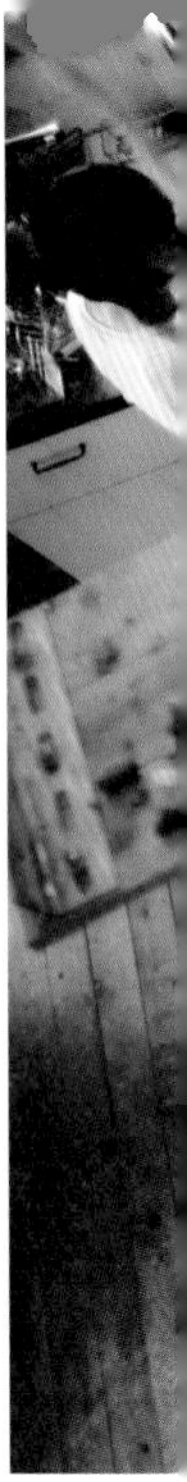

是因為小孩出生，另一方面是我們蓋了現在住的小屋。來到龍田後，跟許多在地生活的人們銜接。我們在機緣下找到一塊可以留駐的地，柏宏在那裡親手蓋起我們的房子。不過最初設計時是兩人空間，沒想到小孩這麼快就來，導致我們無論原本有什麼定居計畫，都調整成一心一意趕緊把房子蓋好，有個地方迎接小孩出生最重要。

柏宏：蓋自己的房子真的很辛苦，但也很幸福，接觸自然建築對我來說是個美好的轉折。剛到台東時我嚮往全農生活，在池上萬安學習慣行、有機的耕作方式，最終想使用自然農法。但搬到鹿野後參加了鹿野區役場的志工，遇到做自然建築的人，一頭栽進這個世界就重新錨定引發我移居念頭的自給自足！房子是生活空間的運用，因此就是一個人對美好生活想像的具體化。

大膽：柏宏從投入務農到自然建築，生活一直有重心，我卻始終有種焦慮感。擔心自己到鄉下後沒有經濟產出，就是沒有價值的人。不過這種焦慮感在開始用在地食材製作加工品後，得到緩解。還是上班族時我就喜歡做甜點，現在來到食材生產的現場，選擇不僅更多元也更純粹。

以前做商業行銷只是追求數字，販售著連自己都不見得使用的商品。來這裡終於不用口是心非，賣的食物就是我給小孩吃的，生產過程也可以選擇更好的原料。我不是社會巨輪裡的小螺絲釘，而是可以改善，甚至創造美好價值的人。雖然事業規模非常小，但我服務到的就是需要我的人。大概是這樣的過程，我的心逐漸安定下來。

定居和孩子出生接踵而來，如何面對精神與物質的挑戰？

大膽：我和柏宏是幸運的，都不用奉養父母，甚至偶爾會得到家人們的支援。加上我們在移居前都有段不短的工作時期，存了一筆錢，這讓我們踏出第一步時不至於太過窘迫。而且，移居後反而開銷變少。我算過小孩還沒出生前，我們兩個加起來的生活費每個月大約一萬七。小孩出生時有生育補助，後來每個月有育兒津貼，去醫院生產那些幾乎沒有花到什麼錢。

柏宏：我們現在是用柴燒熱水，只

要定期去撿漂流木，這幾乎是沒有成本的。另外小孩用品大多也是恩典牌，來自親朋好友的二手餽贈。最初移居時我計畫是用全農方式作為收入，後來發現那必須管理非常大的農地，也還是把時間全投入在同種工作上來換取金錢，再去換取別的服務，這跟我想的自給自足精神不太一樣。所以我不再把所有時間花在務農，而是培養不同專長，現在的收入除了農產品收成外，偶爾拿自己的米發酵，做一些米麴相關的產品如鹽麴、味醂、甘酒，也包括出外承接屋舍修繕工作。

大膽：我覺得移居後什麼都是挑戰，柏宏一開始耕作的田區地力不足，所以種植豆科和稻子。當花生收成時我忽然想到可以做花生醬，我自己愛吃也可販售。目前每個月收一次單，數量大概百罐左右，我和鄰居一起加工，花生的來源也開始跟別的農友契作。

　我們和身邊的朋友製作不少農產品加工，像是因為附近的鸞山有種梅子就製作梅精。有年夏天，我發現啤酒支出實在不少，想想原料不也是很單純的食材嗎？所以開始學習自釀啤酒，後來去比賽還得獎，之後還出去分享授課！移居前的收入很單一，以為自己能做的事也很單一，可能是因為沒有餘裕去感受和發展出豐富的生活脈絡，而這些脈絡有時會為你帶來更多收穫。我和柏宏現在都是斜槓，像我因為愛爬山，所以也有在幫戶外用品做產品測試。

柏宏：挑戰一直都有，小孩的出生基本上就是挑戰你的時間分配呀！我不再有時間閱讀，只剩工作和做家事這兩種時間，不過也因為這樣的限制，反而激勵我更專注投入想做的事，要把握自由的時間和僅存的精力。

大膽：孩子帶來的轉變是非常神奇的，出生頭兩年媽媽和孩子共生，我覺得自己不是自己，常常處於睡不飽的昏沉狀態。但當他長大，開始嘗試自主、探索世界時，各種行為反應反而促發我重新理解自己。

鹿野是鄉下，孩子在這裡會遇到很多元、無法預期的現場，我心中總是難以決定怎麼樣的保護才不是限制。而當這樣的糾結在不同的情境反覆發生，我終於理解到自己並不想讓我的害怕變成他的害怕，我們共同經營出另種關係，當中是一個新的我。養育小孩過程讓我理解的事，已經遠遠超越我過去人生的總和。如果我還是一個都市裡的上班族，永遠不可能知道這些。

未來的規劃是什麼，會再度移居嗎？

大膽：移居後的生活，不像過去那樣萬事在掌握之中。當上班族規劃退休，我們想著就是活到老，勞動到老，你看現在田裡還很多老人家忙碌著呢！其他人可能會覺得那叫辛苦，但現在這樣的生活我覺得很自在。還記得剛開始爬山時，又痛苦又快樂，走到一個車子到不了的地方，看見絕美景色深受震撼。後來想想，愛上爬山是因為過程總是很單純的專注著，身體必須沒有雜念的與自然互動，你才能在山裡經過，所以過程的確辛苦，心情卻很平靜。

柏宏：我期待有天能真正達到自給自足，能有一群人以不傷害土地的方式，分擔著生活中所需的各種技能，彼此支援、和諧恆常的生活下去。但這樣的集村並不容易發生，即便移居到台東、投入自然生活的人看似同質性很強。但每個人確切生活中的優先順序、對事物的處理方法，都不見得能協調成一個向心力去編織出共同的夢。所以目前我是從自身做起，至於是否會再移居則是看機緣，期待能夠達成自給自足的目標。

三腳渡河口的 鐵皮廟

台北市的基隆河畔，有一處小型河岸碼頭「三腳渡」，舊名「後港墘」，位在昔日基隆河、淡水河和番仔溝所匯流的沙洲東南角。「三腳渡」地名的由來，據傳和往返於社子葫蘆堵、劍潭和大龍峒三處的渡船有關。但1963年9月葛樂禮颱風重創台北後，隔年政府開始第一次基隆河截彎取直工程並填平番仔溝後，使當地水文地貌有了極大的改變，也讓原本是孤島的社子島從此和大龍峒連成一片陸地（註1）。今天的三腳渡就位在劍潭抽水站的河道口，百齡右岸河濱公園的東南角。

走進地方

INSIDE of PLACE

盧昱瑞

高雄人，畢業於台南藝術大學音像紀錄所，以捕捉影像為志業。2005年開始拍攝紀錄片，題材大多圍繞在海港生活的人，偶爾也關注老房子和文化資產等相關議題。

2000年底第一屆三腳渡親水藝術節在此地舉辦，當時剛從南部北上念書的我，深受攝影前輩曾文邦所拍攝的漁民群像所感動，一幀幀巨幅黑白肖像挺立在河堤上，漁民樸實堅韌的在地魅力感染著路過的遊客！三腳渡的河岸風情也同樣深深吸引著我。

印象中當時見過一張紀實照片，是漁民們同心扛起一間小廟移動，那間小廟原本是供奉土地公，但後來因漁民時常在基隆河撈到遭逢各類事故而毀損的神尊佛像，於是就近安奉在小廟裡，這間土地公廟意外成了「落難神明的收容所」（註2）。但地方信徒和漁民依舊同樣虔誠敬拜，小廟的眾神也共同庇護著鄰里的平安，然而因小廟座落在後來被市府所規劃的河濱

公園中，依法成了違建物，落難神明收容所也因此面臨被怪手拆除的命運。漁民為了保護信仰中心免於被無情拆除，遂將小廟改裝成可移動式的棚架結構，甚至還裝上了輪子。就像臨時攤販跑給警察追一樣，在三腳渡的落難神明常常跑給拆除大隊追。

這間在河岸四處漂泊的小廟就是天德宮，在2005年第四屆三腳渡親水藝術節蛻變成嶄新的特色廟宇。當年為了重建天德宮，特別邀請三位藝術家李俊陽、黃文淵和吳娟來共同設計創作。李俊陽的手繪創作充滿生猛繽紛的常民魅力，黃文淵是善於雕塑在地多元媒材的裝置藝術家，吳娟的鐵雕藝術是女性藝術的翹楚；天德宮就在李俊陽的巧思擘劃與結合在地歷史脈絡

下，進化成融合「龍身」和「船舶」意象的藝術廟。

廟體主結構為鋼架，搭配吳娟的鐵雕藝術龍柱、雲飾圖騰、魚滿豐收吊飾和福蝠燈飾等等，門神千里眼和順風耳是李俊陽的巧筆彩繪，還有門牆上不是彩繪傳統刻板的忠孝節義故事，反而是畫上天德宮的發展歷程典故，讓在地漁民信眾更有同舟共濟、相互扶持的即時榮耀感。歷經藝術昇華後的天德宮因此以公共藝術之名得以永久保留原地，雖然已不再有拆除大隊的刁難，但每年仍有基隆河水患淹沒的風險，於是信眾又幫鐵皮廟安裝了升降馬達，使天德宮成了全國唯一會昇天的廟宇。

台灣各地都隱藏著許多鄉野傳說，每間鐵皮小廟也有各自令人敬畏的奇幻異事。在三腳渡這間不到7坪大的鐵皮廟，海納包容了七十多尊的漂泊神像，若能傾聽每尊神像的口述歷史，必然會集結成一本耐人尋味的河口魔幻地誌。

日落時看著一艘艘停泊在黑水上的舢舨，緊鄰污水出河口的河濱公園仍飄散著些許穢氣；或許相較於今日污染河川海洋的貪婪人心，那些出身自古代以農為本、遵循節氣的眾神祇們還是善良可愛許多吧！虔心向眾神們致意告辭，趁天黑前騎上Ubike趕路回家，耳際傳來一首陳昇滿是無奈控訴的歌「船長要抓狂～船長要抓狂～船長要抓狂～哦……」

註1：參考資料來源為「台灣水創意會社」網站的三腳渡社區地圖／追根溯源歷史篇。

註2：《走尋三腳渡——台北最後碼頭》，台灣水創意會社出版，2001年。

在沒落的鐵道礦城，長出自由的學風

基隆．八堵國小

李盈瑩
現居宜蘭，採訪寫作，養雞耕地。著有《養雞時代：21則你吃過雞卻不瞭解的冷知識》、農趣小品《與地共生 給雞唱歌》、記錄青春山海的十年手札《台灣小野放》、《花東小旅行》。

1 每位學生都有專屬的身形畫，從內圈到外圈，分別代表入學到畢業的輪廓變化。 **2** 學生共同創作的馬賽克拼貼。 **3** 因煤礦與鐵道發跡的八堵，校內有座彩繪「騰雲號」火車裝飾。 **4** 八堵火車站對面岩壁有多座防空洞，顯現曾是交通樞紐處。

週五早晨，八堵國小全校師生齊聚一堂，準備召開每週例行的「公民會議」。會議中，學生自行發掘問題、自訂規範並遵守，彷彿生活在校園這座微型的城邦，每位師生都是具有責任義務的公民，在保有自由的同時，也不忘對他人的尊重。

會議後，迎來的是長達30分鐘的下課時間，孩子們在自己曾經參與打造的木作設施玩耍、在地上畫有自己身形輪廓的球場跑跳，整座校園許多角落都有他們勞動美化的痕跡，所謂的「美感教育」，在這裡以十分生活化的姿態融於日常。

八堵國小在2017年正式轉型為實驗教育學校，在此之前，這裡也如同基隆許多小校的命運一樣，面臨到招生不足的困境，現任的年輕校長柴成瑋還記得，在他2015年初抵校園時，學生人數僅有四十多位。

昔日礦城要站，成今日高齡聚落

其背後的原因其實不難理解，亦有脈絡可循。八堵位於基隆市暖暖區，與周邊的瑞芳、猴硐、平溪等地，早年皆因盛產煤礦而設立鐵路並發展為聚落，日治時期日人在八堵設置「中台煤礦」，相鄰的七堵亦有「福基煤礦」。光復後，國民政府於1950年成立暖暖國小八堵分校，隔年於學校臨側設立礦工醫院，當時八堵分校的學生多半為礦工與鐵路員工的子女。

八堵因位居台鐵西部與東部幹線的分歧站，早年往來乘客多在此轉車，且在東部幹線尚未完成電氣化之前，橫跨東西兩線的列車也會在此更換火車頭。當年八堵在交通地位的重要性，可從今日火車站對面岩壁一座座相連的防空洞略知一二。

然而，隨著礦業沒落，加上近年來八堵車站的樞紐地位逐步轉移至七堵，八堵站周邊的鐵路局員工宿舍也一間間廢止。新生代的青壯人口在此缺乏發展，從早年通勤至市區上班，這幾年更直接外移遷居，造成當地的生育率低落、人口老化、隔代教養等問題一一浮現。

走出教室，為自己而學習

學區內的學齡兒童逐年減少，看似是學校轉型為實驗小學的主因，然而校長柴成瑋卻認為，這僅是契機之一，更重要的理由在於——現行的教育體制充滿各種亟需應付的事務，當學生人數不足時，很容易因此扼殺孩子的學習樂趣。他舉例，像是政府強制校方參加運動競賽，立意雖好，但人數稀少的小校為了湊足人數，部份孩子的優勢智能並不落在相應的領域，此時為賽而賽，反倒失去意義。因而唯有從現行的制度解脫，孩子在學習上才能重拾選擇權。

為了讓學童探索自我，達到自主學習的目的，八堵國小在國語、數學、社會、自然等核心課程之外，另規劃多元的體驗課程，包括農耕、工藝、烘焙、音樂表演、本土文化等生活技藝的面向，並設有活化學習的「戶外探索課」、「自主學習課」與「公益課」。

戶外探索課是一門與核心學科相互對應的體驗課程，比如三年級的社會課，老師會帶學生探訪暖暖地區的眷村、集合社宅，以及社區改造案例；四年級社會課因談及基隆山多平原少的地形特色，便帶學生實際登往獅球嶺砲台，飽覽基隆地景；而六年級的社會課論及二二八事件，學生便在校長的帶領下前往二二八紀念館，並探訪事件發生的天馬茶房舊址，再回到課堂內延伸討論轉型正義等相關議題。

此外，為鼓勵學生「為自己而

3

1 促進文化認同的「本土文化課」。 **2** 每週一次全校性的「公民會議」。 **3** 除了農耕區，學生也在花台栽種可食盆栽。

學習」，各年級皆設有自主學習課，以個人或小組方式自選任何感興趣的題材，有高年級生組隊研究骨牌；有低年級生以串珠做項鍊、以廢紙箱做火車，或純粹因為愛吃冰淇淋想學製冰，此時學校老師並不扮演傳遞知識的角色，而是以引導的角度，從旁協助孩子探索興趣。

在公益課的部分，校方希望孩童在校園裡能盡到屬於公民的責任，在使用環境的同時也能付出心力。於是校門前的公車亭，學生以校園中常出沒的鳥類——綠繡眼為題材，以廢紙漿做胚、上漆、黏貼固定；而校園裡的木作休憩空間，則交由中高年級生自行構圖設計、裁切木料、鑽鎖螺絲，至於低年級做什麼？幾位正在木設施爬上爬下的二年級男生自信說道：「我們之前一年級的時候，有幫忙用砂紙磨平，還有塗護木漆！」在八堵國小，美感教育不限縮在純然的藝術創作，而是落實於每個角落、每一位在此生活的人。

以學生為本位改變制式作息

在琳瑯滿目的體驗課程之外，微觀八堵國小，充滿了不少貼近學生本位的柔性思考。跳脫過往既定的「下課十分鐘」，這個「還沒暖身就即將結束、如同雞肋般」的休憩時間，八堵國小每日首次的下課時間長達半小時，其餘也至少有15分鐘，讓學生有充裕的時間在校園跑跳或者休息，並捨棄了僵化制式的午睡時段，不強迫孩童得在規定時段集體趴睡。

雖然台灣各地也有其它學校採取四學期制，按照春、夏、秋、冬四季規畫學期主題，然而八堵國小採行的原因卻十分務實，校長柴成瑋坦言：「台灣的四季其實並不明顯，我們純粹認為，一般上班族都有足夠年假能自行排休，我們為何不讓孩子跳脫動輒20週的漫長學期，改成每10週就放一次大假，或許更能促進學習效果？」於是，原先長達兩個月的暑假，其中一個月被挪至春假及秋假，除了能避免漫長暑假造成的「summer loss」，家長也可避開觀光旺季帶孩子出遊。

而每週例行的公民會議，亦是建立在人性與自由的基礎上。因為深切明白，硬性的規定與處罰，孩子是無法心服的，不如創造一個對話溝通平台，讓學生自己找出問題，透過理解與交流，自行尋求解決之道。於是，適逢開學第一週，師生發現上學期末新建的木製設施使用時有紛爭，校長詢問大家的觀察，低年級學生舉手答道：「那個泡棉布丁狗常被推倒，會起煙，弄到人家眼睛或吸到鼻子都對身體不好！」另一位學生也發現：「大家跑跳會互相撞到也很危險。」此時校長續問：「那應該怎麼做呢？」接著各年級學生圍圈討論，老師從旁協助引導，不消一會便產生結論，學生再次舉手：「應該跟對方道歉，有嚴重傷勢要帶去保健室！」

整場會議，先有高年級學生上台主持，再有起此彼落踴躍發言的中低年級生，彼此對話的氣氛相當活絡。過往也曾通過議案，規定師生不能在走廊上跑步，否則要把跑過的地方用掃把清掃一遍，因為問題是自己造成的，規範也是自己訂的，於是誰犯了錯，多半也能心服口服埋頭認命。

像一座有機體那般，八堵國小一面前行也一面修正，才慢慢走成今日的樣貌。這學期共有95位學生，學生來源從本地學區到瑞芳、汐止都有，校門前傳統豆漿店的婆婆一天天看著學校蛻變，索性叫兒子將原先戶籍已遷至外地的孫女帶回來念書，因為本地居民也感受到，八堵國小已經不一樣了！

1 室內球場以校園常見的鳥類綠繡眼，以及學校的誕生年「兔年」作為裝飾主題。 **2** 工藝教室一隅。

親愛的柏璋

重看上一封關於螞蟻的信，距我們合辦完營隊，又已一個多月了。我想到蟬與螞蟻的伊索寓言：蟬唱了一夏天的歌，只好在寒風中向螞蟻討食物，遭到拒絕。但總覺得蟻群有數年的時間，儲存食物是為了將來，蟬只有一個夏天，努力儲蓄反而顯得不切實際。

每種生物有自己的時間感，就生態的觀點，時間感也是與環境互動後才建立的。例如春天羽蛻的昆蟲，很需要溫暖的春雨來濕潤土壤與皮膚，下了雨，生命的時間才會繼續，如果遭逢乾旱或低溫，對很多生物而言，這就是永遠的冬天了。

渡過有史以來最熱的夏天，不禁慶幸，至少還有幾場擦邊的颱風帶來雨水。不過北台灣比較幸運，東北季風的水氣一到，秋天仍會正常運行。十月，來到東北角幾條小溪邊，欣喜地發現水都豐沛，這是合浦絨螯蟹回到海邊繁殖的季節，幾個月內會有億萬隻幼體入海，這一條條重要的道路，可不能斷了。

合浦絨螯蟹俗稱「毛蟹」，因為其大螯上有彩球般的毛叢。毛蟹在秋天的海邊釋放剛孵化的微小幼體，歷時半年在海中發育成稚蟹後，又會在春雨降下時，跟著成群魚苗一起上溯，回到溪流中上游，完成稱為「洄游」的生命史。現今野溪多有整治，每一個壩體都是全新的障礙，近觀這些生物洄游，有更多的莊嚴與悲傷。曾看過小毛蟹爬上垂直的攔砂壩，原來是用頭朝下，尾端貼壁的倒退姿態，水從背甲順流而過，就減少了阻力。

東部另有種「青毛蟹」，又叫台灣扁絨螯蟹，其洄游季節反過來，春天降海，秋天上溯。先前聽卑南族的大哥講述如何在梅雨的激流中抓富含蟹黃的

FROM
瀚嶢
台北・新店

毛蟹，還懷疑聽錯了季節，後來才明白那是完全不同種類，形成了不同的時間感。

北部河川水量穩定，因為冬天仍有季風的雨。然而最近發現，那些從丘陵獨立入海的小溪卻會不定期斷流。這些獨流溪與在地關係密切，也保留了許多珍貴魚種，然而地方的整治工程常使溪床出現額外砂石，形成伏流，萬年暢通的水路就這樣斷了。不時會看到乾涸的溪床遍佈晒白晒焦的蟹殼魚乾，那原本都是滿懷希望的旅者呀。

聽說竹苗一帶能看到引進養殖的中華絨螯蟹（俗稱「大閘蟹」）。這些外來的毛蟹，逃逸到野溪後，是否也正展開全新的洄游旅行呢？

雖然夏季活動期過去，但秋天是趕結案的季節吧？工作之餘，別忘了感受季風中的新竹，以及好好休息。

合浦絨螯蟹

Eriocheir hepuensis

毛蟹上溯時還小，
會倒轉身體減少
水流沖力。成蟹
在秋季降海時，就已
強壯許多了。

黃瀚嶢

生長於台北，在城市間隙發現觀察野地的樂趣，從此流連忘返。森林系畢業後，從事生態圖文創作與環境教育，經營粉專《斑光工作室》，靠著偶爾路過的靈光努力生存。

親愛的瀚嶢

時序準備進入「霜降」，台北應該還感受不到涼意吧？雖然炎熱依舊，但這對新竹來說是個重要時間點，示意農曆9月後的山風「九降風」即將到來。住台北時，總覺得東北季風是下雨和潮濕的代名詞；來新竹後，才體會到背風側的不同：風更加強勁，卻極度乾燥。不難想像新竹米粉和柿餅是如何盛名全台，只是，也要辛苦一下此刻正在頭前溪流域進行降海旅程的毛蟹了。

你還記得獅潭山上的林場嗎？那條清澈小溪也住了不少螃蟹，全都是陸封型的拉氏清溪蟹，在雨水減少的秋冬季也能安穩過活。有次，我在溪邊發現新鮮排遺，忍不住蹲下細看，糞便裡頭居然是滿滿的蟹殼碎片！至今回想，那幕還是印象深刻。真不敢想像，這食客到底多愛吃螃蟹，先不說如何將硬甲破碎吞食，居然也不怕鋒利的蟹殼傷胃？消化後的排遺就是證據，實在令人大開眼界。

發現排遺後不久，終於目睹神秘食客本人，正是食蟹獴。確定有阿獴定居後，我開始想像那身披棕簑的矯健灰影，遁入溪水尋覓拉氏清溪蟹，得手後濕漉漉地上岸，佔據一塊大石頭，前肢緊握溪蟹，後腳站立，雙手猛力一甩，將溪蟹砸碎後吞食的景象。也因食蟹獴的意外發現，我和夥伴米奇開始進行溪流生態調查，才發現這不只是條乍看清澈的小溪：潭中的苦花、水灘裡的粗糙沼蝦、石縫下的石蠶蛾和水蜈蚣、土堤上的螢火蟲、溪畔的綠簑鷺……原來是條充滿生命力的活水呀！從沒想過，因著食蟹獴的現身，讓我揭開這條小溪活力滿載的面貌。而這裡的好水會繼續流往明德水庫，提供中下游居民生活、農牧及工業使用。

FROM
柏璋
新竹・新竹市

食蟹獴

Herpestes urva formosanus

　人家都說，食蟹獴是評估溪流環境的指標，我也認同。大概就是一種水域守護獸的概念吧，有食蟹獴棲息的水環境，人類的生活用水、產業與居住環境也不經意被守護了。這讓我想到，距離林場20公里外的通霄，在聚落、稻田、埤塘與小溪鑲嵌而成的丘陵地景中，學弟正安所守護的田鱉田，也有食蟹獴出沒。這對開發案頻傳的通霄淺山來說還真難得，跟環境友善耕作及棲地空間連貫有很大的關聯吧。只是除了守護獸外，像正安這樣願意主動出手的守護者還是非常必要的，否則環境劣化速度真的好快呀。

　聽說通霄最近坡地種電議題持續發酵，不禁想起你所熟悉的知本濕地。最近還有去台東嗎？有機會別忘了帶上我，再忙也要跟你去一趟。

身為食蟹高手的阿獴
其實也不怎麼挑食，
整條溪流與週遭森林
都是牠的餐館！

陳柏璋

熱愛山、攝影與書寫的野外咖，時常帶著相機與紙筆，在野地裡打滾整天。目前與一群好夥伴共創森之形自然教育團隊，試圖在人們心中埋下野性的種子。

村里紀行 4

寧靜的利嘉小村生活

官官

利嘉山裡的小村民，經營「有人在家。小村閱讀」空間，喜歡土地也熱愛人類，常常因為好奇好玩，讓所有事情都按照該發生的軌跡自然發生。口頭禪是：順著流走。

林妍玓

喜歡畫畫，也喜歡摸索不同的創作方式，最近熱衷舊布料的縫縫補補織織。跟台東的淵源從過客、換宿小幫手再到新移民，現在是返鄉台中但試著過得很台東的中東人，在台東的藝名是駱馬。

從台東市往台9線南下的方向，會經過大潤發陸橋，陸橋上可以看見整片綿延的中央山脈，山頭上嵐霧輕輕籠罩，山腰小村人家烹煮食物或烤火煙燻，就會看見幾根煙囪冒著煙，像在等待放學回家的孩子吃晚餐，遠看像極了一幅水墨畫，總是讓我深深著迷，而利嘉村就落在這幅畫裡。

享受生活中的生態配樂

利嘉村是個卑南部落，又名「利卡夢」，是土裡冒出新芽、生命力旺盛的卑南族語。這個村子被利嘉路劃分成南北村，村子不大，散步健身就可以繞完一圈，我們家就住在南村最邊角的小平房。

白天，院子前的大葉欖仁樹上，會有許多鳥類站在樹梢唱歌、說話，晒衣繩上也常有松鼠練習走單索玩耍……我常一個人坐在客廳裡觀察牠們，聽著鳥聲、風和葉子摩娑，還有松鼠玩鬧的聲音，大自然裡就有很棒的配樂。

平房再過去就是山林邊界，後山是生態愛好者最愛造訪的利嘉林道。夏天傍晚，螢火蟲四起，整個林道綿延著草地上的小星星，吸引不少生態迷及學者入山探尋物種；到了夜晚，各式昆蟲鳥叫、動物低鳴的聲音四起，越靠近山邊越多聲音出沒，夜晚是萬物的天堂，動物會互相傳遞訊息。對平房裡的生態人來說，用聲音辨別物種是種樂趣，我認不出幾種聲音，但這些聲音的總和對我而言卻是一種幸福感。

1 12月底是部落重要的慶典，活動會在31號隨著倒數來到高潮，整晚的唱歌跳舞不斷。 **2** 村校運動會常常有部落發展出來的奇特技能，推著平板車跑步是趣味競賽之一。 **3** 1994年才正式登場的橙腹樹蛙，是台灣最晚發表的綠色樹蛙，背面全綠腹面全紅的模樣被戲稱「紅心芭樂」。

學校是南北村的重心場域

沿著家門口的巷子往北村方向走，就會來到介於南北村中間的利嘉國小。這個百年小學創立於1905年，學校師生人口不多，校園卻很開闊，其中還保有幾棵百年老樹。在教室後方的梅樹林，每年春天梅花盛開時會舉辦梅之宴音樂會，邀請知名音樂家前來演奏；學校本意是希望美學和音樂能融入孩子們的生活，即便將來長大去都市、辛苦工作生活，也許聽到一段莫扎特的樂曲就能喚起小時後在梅樹下快樂的記憶。

國小和部落連結也很深，每年的村校運動會是個大日子。通常村民都很熱中參與，其實不為什麼，就是為了去拿獎品，有趣的是，參加的村民根本不在意名次，有時候是看獎項才決定要跑第幾名的……我看過拿第一名的小孩還被媽媽念，原因只是第一名送的沙拉油媽媽不缺，第二名的醬油才是媽媽想要的！參加完一整天的競賽，差不多笑到肚子痛，就可以把半年份的民生用品帶回家，很務實也很歡樂。

幽默歸幽默，但只要到年底就是卑南族的大日子，在外地工作的年輕人會回部落準備一年一度的祭典，那時跨年與部落節慶就會同時發生。其中，會有一個清晨，當人們睡意仍濃厚時，會聽見遠方的族語吟唱，古老的曲調加上族人身上的鈴鐺聲響，由遠至近，形成一種神祕未知。

那是除喪祭的環節之一，我第一次親眼見到時非常震撼。清晨五

4 村落北邊的利嘉林道，是許多生態人必報到的景點之一。 **5** 總是在不經意處，發現細膩又繽紛的牆面，是藝術家彩繪的部落故事。

點霧氣尚在巷弄內飄浮，灰藍色的天光還朦朧著，一群部落男子帶著整齊步伐吟唱，從巷子另一頭穿越薄霧而來，往目的地而去，充滿神聖的氛圍。每每讓我有種平安度過一年的感謝，也能儀式性的再次迎向新開始。

小村店家不只是店家

村子裡多半是原住民，但也混居不少漢人。其中有家好吃的麵店叫「吃麵族」，麵店就像部落客廳，常聚集各路人馬一起「tapulun」（說大話之意），外頭豔陽看不到人影，一走進麵店，就掉進時間黑洞出不來。這裡也是才藝交流的場域，皮雕、織布或是刺繡、編織通通都能在這裡拜師學藝，是一處凝聚部落的地方，充滿著故事。

每當麵店休長假的日子，我們都戲稱要滅村了，差不多全村的人只能奔下山去覓食，是村子裡不可或缺的重要資產。村子裡也有好幾間雜貨店，身兼許多功能，只要能在雜貨店買到的物品，我們就不再去連鎖賣場消費，讓小店能維持營生不被洪流淘汰，有時也靠著雜貨店支撐社區人們所需。

搬到這個村子已經11年了，在這裡生活的第一年就深深愛上，這裡沒有熱鬧的景點，也沒有太多觀光客會駐留，觀光並沒有改變小村的型態，一直以來都保有小村寧靜的生活感，反而是村子裡最幸福的事了。

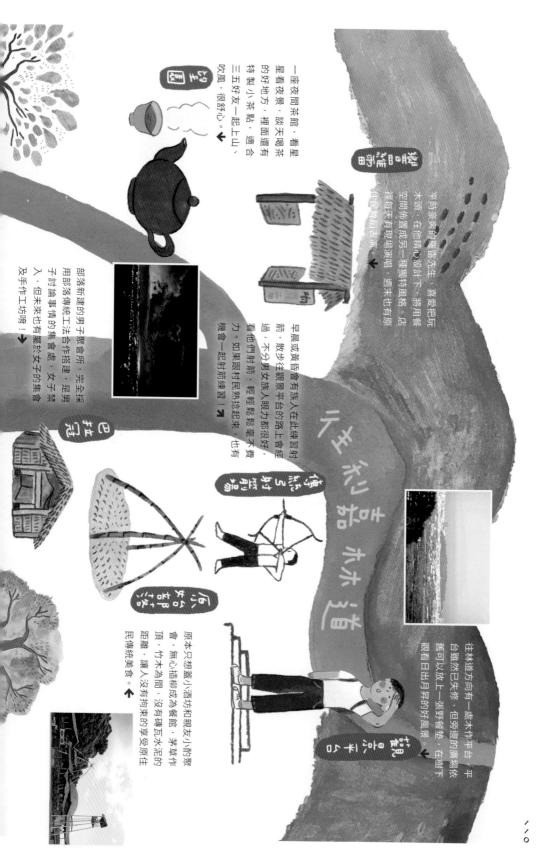

往利嘉林道

觀景平台

往林道方向有一處木作平台，平台雖然已失修，但旁邊的廣場依舊可以放上一張野餐墊，在樹下觀看日出月昇的好風景。

響維雷

平時豪爽的羅雷先生，喜愛把玩木頭，在他精心設計下，將用餐空間佈置成另一種獨特風格。店裡每天有現場演唱，週末也有原住民舞蹈表演。

傳統弓射箭場

早晨或黃昏會有族人在此練習射箭，散步往觀景平台的路上會經過，不分男女族人眼力都很好，看他們射箭，輕輕鬆鬆毫不費力。如果跟村民熟捻起來，也有機會一起射箭練習！

望園

一座夜間茶館，看星星看夜景，談天喝茶的好地方，裡面還有特製小茶點，適合三五好友一起上山、吹風，很舒心。

原始部落

原本只想蓋小酒坊和親友小酌聚會，無心插柳成為餐館，茅草作頂，竹木為間，沒有磚瓦水泥的距離，讓人沒有拘束的享受原住民傳統美食。

巴拉冠

部落新建的男子聚會所，完全採用部落傳統工法合作搭建，是男子討論事情的集會處，女子禁入，但未來也有屬於女子的集會及手作工坊唷！

利嘉村生活地圖

Map Design－林妍玓

在地10年以上的生態民宿，也經營小村閱讀圖書館，就算沒有在這裡住宿，也可以預約進入小村閱讀時光，點杯咖啡或茶在這裡坐坐，跟貓狗玩耍。

利嘉國小的操場沒有圍牆，是一個開闊的世界，那裡是社區的樂園，可以溜小孩、玩耍、運動、看星星、吹涼風、老樹下野餐、來一場即興瑜珈伸展，閉起眼靜心冥想，也是孩子放學後自由的天堂。

斜槓老闆娘經營，喜歡吃辣的人不能錯過特製辣椒醬，營業時間是早上10點到下午3點，有時不小心3點壓線去吃午餐，還能意外獲得下午茶！

也是部落特色民宿，可帶寵物入住的包棟平房，裡面一應俱全，很適合一家人來悠閒度假的小屋。

一間晚來吃不到的早餐店，還有網路上預約才有的隱藏版菜單，老饕食客才懂的老闆特製唷！這家店是部落族人的心頭好，雖然私心想隱藏這家店，但是不能這麼做，實在太掙扎了……

當南部腔遇到北部腔

鄭順聰
作品有詩集《時刻表》、《黑白片中要大笑》，散文《海邊有夠熱情》、《基隆的氣味》、《台語好日子》，小說《家工廠》、《晃遊地》、《大士爺厚火氣》，繪本《仙化伯的烏金人生》。

插畫—Hui

斌仔是我的死忠兼換帖（sí-tiong kiam uānn-thiap），日日在網路上聊天打屁，交流垃圾訊息。傷心的時候互相安慰，且不需要理由、想到就相招（sio-tsio）去逛大街吃大餐。

如此深厚的情誼，奠基於大學同班，更是寢室室友。讀中文系的我們華語發音都不標準，整天膩在寢室用台語聊天，不小心還會徹夜到天亮。

升學的過程，我讀好班順順利利升上去；斌仔就坎坷多了，當兵後重考才上大學，因此，青春期曾歷經一段體制外的遊蕩。這就是我們聊到天亮的原因，斌仔社會經驗多，故事超精彩，在基隆港畔當飆仔，看到不順眼的，就會眼神兇厲的 tshinn——

Tshinn？我們嘉義人都說 gîn 咧！動作都是「瞪」，南北有差！

口味無仝的青菜

過去，台灣各地腔調的大碰撞，多在當兵時。山濱海涯鄉村城市的小鮮肉被捉到軍營剃光頭——除了四大族群的語言分別，台語少年一見面，才知道各地腔調有差，比出國的文化衝擊，更為深入細膩。

而到我六年級這一輩，大學逐漸廣設，各地青年的學歷也越來越高，反而是在學校宿舍內，衝擊出新一波的南腔北調大集合。每次和斌仔講台語，就是覺得不順，因其偏泉州腔，我乃漳州腔，頻率最對不上的，就是變調。

舉個例子：台北的松山（siông-san），我「松」的變調是平平滑過去，斌仔會微微下坡……某次搭火車經松山車站，真的耶！廣播傳來的就是斌仔那種微下坡的變調。

還有青菜的「青」斌仔說tshinn，我是tshenn，此乃一北一南，一泉一漳之殊異。他嗜吃的tshinn菜到我口中，就像改換烹調法，吃是可以吃，但難以下嚥，我還是喜歡吃tshenn菜啦！

頂港下港大摔拚

和斌仔的差異，到外頭吃飯時更為明顯。湯麵端上來，他總要拿起胡椒罐撒一撒，鼻子敏感的我隨即打噴嚏，敬謝不敏。基隆人愛喝湯愛得要死，我嘉義人則要帶肉帶油帶鹹——口味不合就互相取笑，我說詼（khue）來詼來，他習慣說詼（ge）來詼來，同樣的嘲笑戲謔，他ge我khue，我khue他ge，好朋友才會互相黜臭（thuh-tshàu）啦！

好了好了，飽食後我要去納（la̍p）錢，斌仔說不對啦，台語要說付（hù）錢，這怎麼對呢？從小在嘉義都是納（la̍p）錢咧！問老闆回答說納（la̍p）錢，斌仔不服氣，說這是高雄，不準不準。

等到下次我們在基隆吃大餐，

雨都說付（hù）錢，換我吃驚了大聲抗議，卻引來基隆人回應：

彼恁下港腔啦！

一般大眾劃分台語腔調，多用北部腔與南部腔識別，就像火車與公路未普遍前，台灣的運輸主力靠水路，是以用頂港（tíng-káng）、下港（ē-káng）位居南北的港口水路來劃分（註）。頂港以泉州腔較為通行，下港漳州腔佔優勢，但非決然的劃分，其中誤差頗大。例如大台北的士林北投地區以漳州腔為主，至若中南部海口腔通行處，其實是泉州腔的地盤。

靠差異來發友情的電

過去台語比較弱的我，常被斌

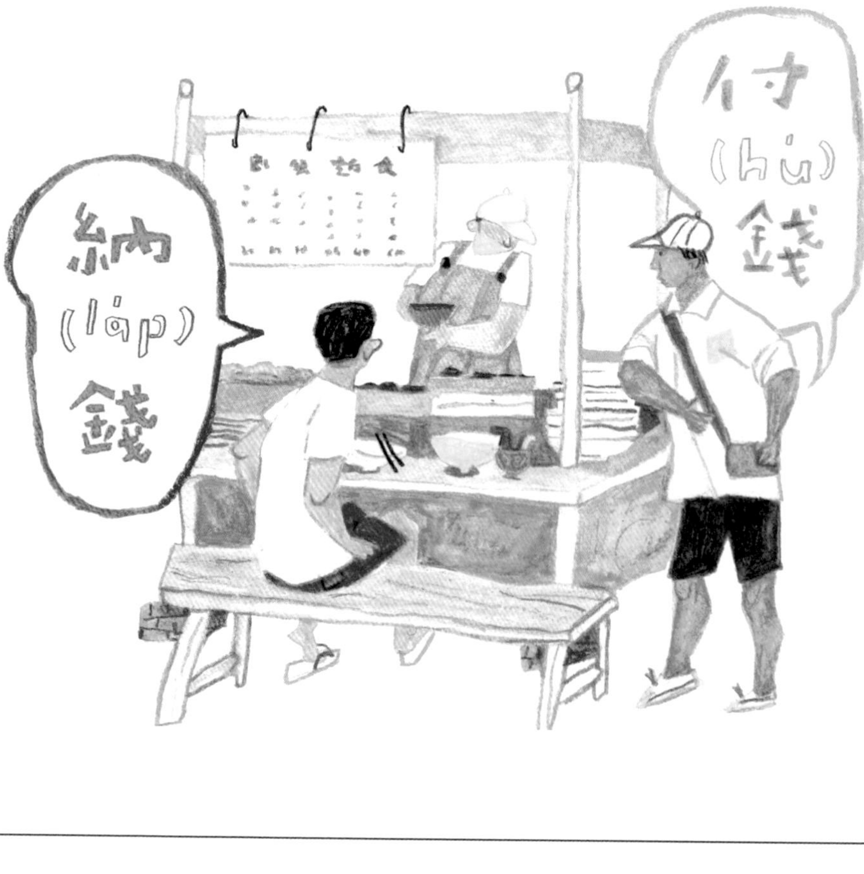

仔的腔調打亂，尤其是變調。但有趣的是，用詞就相當堅定，不會被牽著走。

某次我車子沒電發不動，攔下計程車，拉出接電線、兩台車頭對頭接上，在嘉義普遍的說法是焐電（ù-tiān），焐是靠一下枕一下碰觸一下的意思，如焐冰（ù-ping）是冰敷，取其通電的瞬間過程。但斌仔卻說插電（tshah-tiān），描述夾子立於電瓶上的樣態。（還有一說叫pha電）

同樣一件事，不同的說法，這是台語用詞差異的巧妙處。

因為差異，才有聊不完的話題，我南部人愛讀書耽溺於音樂，他北部人對車子與地理形勢相當透澈。方音差異就像人的個性和興趣，沒有對錯也沒有好壞，但都是好朋友，就像我和斌仔常一起出遊，漫無目的遊蕩，我慣說四界拋拋走（sì-kè pha-pha-tsáu）。

劇情就開始重複了，每次我言及此詞，斌仔總是會回憶起阿媽，口角生風出口成章，看孫子蹦蹦跳跳要出門晃蕩，總忍不住詼一下：**莫佇遐一八溜溜去（it-pat liu-liu-khì）**。

這就是南腔北調的趣味，一說再說，說了幾十年，臭酸（tshàu-sng）是臭酸，依然是死忠兼換帖的好朋友。

註：頂（tíng）、下（ē）在台語中意思多樣，除了上下、優劣、方位之關係，還有發展先後次序之分，得據語言脈絡與歷史發展來判定。

藏在地名裡的山谷窪地

賴進貴
台灣大學地理系教授，專注地圖與地理資訊研究。出生於台北劍潭，成長於台北東區，見證台北都市變遷發展，積極推廣生活化地理，投入教科書研發，且為教育部課綱訂定委員。

插畫—Hui

從小住在劍潭，我的童年生活圈是由幾個地名串連在一起。

隔著基隆河，老家對岸是「後港漧」，對我而言是個陌生的世界；搭著小船，由基隆河順著「番仔溝」可以銜接「淡水河」，然後順流而下抵達「關渡宮」，大年初一拜拜的地方；一年一度的大拜拜，住在「湳仔」（現今蘭雅國中）的姑婆會回來住幾天，懵懵懂懂的我還知道「湳仔」常淹水；靠近「中崙」的外婆家，地勢高，從來不淹水；舅舅家所在的「牛埔仔」，聽起來就是個放牛吃草的地方，媽媽說舅舅小時候也曾幫人家放過牛。

穿越通訊的環境命名方式

兒時記憶中的地名像條繩子，串連著不同地方的親戚和事物。長大後重溫這些地名，發現它們幾乎都和地理環境有關，包括：河流、地形高低、水災等。近年來廣泛接觸台灣的聚落名稱，更發現全台聚落地名有很大比例和自然環境有關。

如內政部地名資料庫所示，地理環境相關的地名用字包括：坑（2259筆）、山（1867筆）、埔（1669筆）、水（1046筆）、湖（967筆）、溪（857筆）、坪（721筆）、崙（685筆）、崎（544筆）、窩（474筆）、崁（454筆）、潭（411筆）等。顯然早年在台灣各地

從事開墾的先民，習慣利用環境特徵來為地方命名。

透過現代的地理資訊系統，不僅可以看到各種地名的分布位置，還可以探討它們的環境特徵。以「坑」字為例，這類地名主要分布在北部丘陵和西部的山麓地帶，透過Google Earth的立體展示，我們可以發現「坑」是指山谷或山間盆地。全台共有兩千多個「坑」的地名，想像著早年沒有電話、新聞和網路的年代，散居台灣各地的墾民幾乎沒有往來通訊，卻不約而同使用相同的字詞來描述類似的地形，這種集體結果顯現文化、語言和環境的連結，也展現族群特色。

和「坑」類似的地名是「窩」，同樣是用於描述山谷的地形，這個地名

主要分布在桃竹苗丘陵區，是客家族群習慣使用的地形用字。坑和窩兩個字的對照，顯示地名不只具有地理環境意義，也可以反映族群特色。

從用字判別地勢高低

中崙、三條崙、崙背、崙頂……，「崙」泛指高出於周遭地區的小丘，也是常見的地名用字，分布極廣，由北到南、從山區到平地都可見到，而位於彰化、雲林、嘉義、台南平原上的「崙」特別有意義，它們主要是風吹沙堆積而成的沙丘，包括海岸沙丘及河岸沙丘。台灣西部海岸連綿的沙灘及強勁的風力，形成海岸的長條沙丘。

內陸平原上的崙主要和河流有關，中南部枯水期的大片河床，提供豐沛的沙源，早年空曠的原野沒有可遮風的人為建物，在東北風持續吹襲下，一條條沙丘在河流南岸逐漸形成，而若是遇到強勁的急風，一兩天內也可能形成大型沙丘。據台南佳里區「北頭洋飛沙崙」當地居民傳說，當地即曾在一夜之間形成巨大沙丘。驟然形成的沙丘，可能埋沒田園房舍，威脅民眾生命財產，構成潛在災害。另一方面，穩定固著的沙丘是良好的天然屏障，可以阻隔強風肆虐，是以許多聚落形成於沙崙背後。雲林「崙背」這個地名，顯示先民利用沙丘地形開發聚落。相對於高起的崙，帶有「湳」、「坔」等地名反映當地地勢低窪，容易淹水的環境，另外許

多有「湖」或「潭」的地名不見得有水，而是描述低窪地形。在早年防洪設施有限的年代，湳、坔、湖、潭等地名有如現在的淹水潛勢圖，反映低窪易淹水地區。

在地發音重現地理特徵

對比百年前的地圖，許多足以反映地形特徵的地名逐漸消失中。我老家的舊稱「山仔腳」，已經消失於現代地圖中。「劍潭國宅」、「劍潭青年活動中心」，乃至「捷運劍潭站」，這些新地標使得「劍潭」以新代舊。昔日的「山仔腳」依然靜靜地依偎在圓山山腳下，只是換了個名字。

大量地形地名消失的原因來自於地名雅化。例如，「湳」變成南或蘭，而有了蘭雅、南雅等新地名；「崙頂」變成「倫等」、「坪頂」成了「平等里」。雅化後的地名字面上已經看不到原意，但如果用在地的本土語言發音，則往往可以再現其原始意義。因為這個緣故，最近教育部正積極建立常用地名的閩南語、客語語音檔，藉由語音建檔來保留地名所蘊含的地理、歷史與文化。

看過那麼多地形地名，讓我覺得最有味道的是「牛屎埼」。想像著一隻隻黃牛拖著沉重的牛車，來到這段崎嶇的小路上，使盡力量之餘而排下糞便，一次又一次的相同情境終於釀成這樣的地名。對照「踏花歸去馬蹄香」的情境，我更喜歡「牛屎埼」的畫面與味道。

惡地裡的啵、啵、啵火山聲

蓋瑞
規矩遊走於地質與藝文之間的旅人，《Geostory聽聽地球怎麼說》科普平台共同創辦人之一，沉醉於探索地球科學的本質。現居清幽的山區小鎮，不斷以書寫向外界傳遞科普知識。

看著眼前泥漿氣泡「啵、啵、啵」的冒出又破滅，有時氣泡衝得急使泥漿也隨著溢出洞口，我興味盎然的觀察著，心想：「月球表面肯定沒那麼有活力啊！」

位於高雄燕巢的烏山頂泥火山，是台灣現存最大、密度最高的泥火山集散地。泥火山所在的泥岩區，因鬆軟脆弱的岩石特性，加上熱帶島嶼氣候，遇午後強降雨或颱風侵襲時，地表就容易沖刷侵蝕，

使植被無法穩固扎根，裸露光禿的灰色地貌在科學上稱為「惡地」，一般人則稱為「月世界」。

以月球表面比擬泥岩惡地，讓惡地增添了一層神秘色彩，這或許滿足了對地外世界著迷的人們，畢竟，阿姆斯壯登月的壯舉時時刻刻仍衝擊人心，但當他踏在月球表面的那一刻，腳底感受到的滋味究竟如何呢？那樣的好奇過於著魔時，實在會渾身不對勁。

自古以來，月球就一直散發某種吸引力促使人們去探索，而有趣的是，人們總以為地球與月球的地表具有高度關聯性。像是古希臘時期，學者觀察月亮表面的黑白印記，發現那似乎反映出高山深谷等地貌變化，他們於是想像月球表面應該如同一面鏡子，我們所見月球表面的高山深谷其實為地表的投射。

這種說法很微妙，若為真，那麼月球實質成了地球的倒影，人們得以藉月球反窺地球的樣貌；反之，現在我以及我所在如月球表面般的荒蕪泥岩地，是否也可能只是月球的投射呢？

不會噴火的灰色火山

胡思亂想下，泥火山活動的聲音又將我拉回了現實。

若「月世界」為月球表面真實

的投射，那我們其實是看不到泥火山活動的。起因在於月球的表面早已沒有板塊運動、或是任何的火山活動——它就是安安靜靜的持續自轉與繞地球公轉著。

反觀眼下的泥火山，因為埋藏許久來自深海（或被掩埋至深海）的各種有機物分解後轉化成的天然氣、與地底下儲藏的水與泥相互攪和，形成了隱形的壓力鍋，這股有待爆發的力量在斷層活動的協助下，終於有了噴發的管道：帶有氣體的泥漿順著斷層與周遭的裂隙向上流竄，最終噴出地表、泥漿堆積成如今所見的泥火山。「月世界」相對於真實的月球表面，其實比我們所想的更加充滿旺盛生命力。

從上述成因也可發現，泥火山其實跟一般我們認知會噴發炙熱岩漿的火山完全不同，它們只是噴發的樣子、以及地表特徵像火山罷了。不過科學家倒也沿用了火山的概念，將泥火山的外型區分成錐狀泥火山、盾狀泥火山、噴泥池等類型，雖讓泥火山與火山更加難分難捨，卻也強調出泥火山的活力。

泥漿使時間成為可塑物

現存烏山頂泥火山保留區裡的巨大錐狀體共有兩座，一座已經停止噴發，現只能受雨水沖刷影響逐漸消逝；另一座則持續不斷噴發，可以近看「火山口」中持續冒泡噴氣的現象、也能觀察到泥漿從噴口如岩漿般湧出，順著泥漿通道緩緩

正在活動的錐狀泥火山。

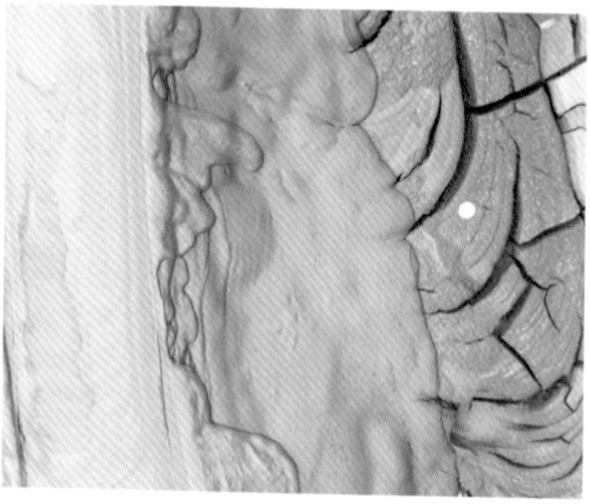

泥漿通道旁的新舊泥交疊現象。

沿錐體坡面流下的過程。

而泥火山另外有趣之處，在於以不同的空間尺度下，能觀察到新舊時間於相同空間共容的現象。

小至幾平方公分的範圍，單從一個活動中的泥火山身上，濕而柔軟的新鮮泥漿層層覆蓋到舊而乾裂的泥地上，讓兩個截然不同的時間有機會在同一個空間下交疊，也使我們看出泥漿的流動模式會影響乾掉後泥岩地表面的肌理特徵：像是在泥漿通道中風乾的泥岩，表面可見規律重複的弧形紋路；漫流出通道而風乾的泥岩，則有相互交疊的弧狀紋路；而泥漿通道邊緣的泥岩，反而有著平行直線構成的線理。

在大至幾平方公尺的空間尺度下，可以看到這裡座落了幾座不同的泥火山。除了剛剛已經「老死」、以及在其旁邊能量旺盛的錐狀泥火山外，附近草叢內還有一座半錐狀、噴發口較大且活動旺盛的小型泥火山；甚至在保護區入口處附近，還能見到尚未堆疊成錐體的噴泥池構造。從泥火山的實際高度及泥漿噴發的活動力來排序，會發現在這塊保護區內，能同時見證一座泥火山從生到死的歷程。

無論如何，構成泥火山內容物的「成因」與「結果」這兩種不同時間下的產物，在同一個空間下一覽無遺。你會訝異時間原來如同這裡的泥，在蓬勃能量推動下具有壓縮與揉合的可能性。

一條回家尋家創家的旅程

劉香吟

鹹味島合作社的文字擔當，土生土長東引人，南漂台北求學十年，現在跟著一群可愛的團員們，一起創造地方的各種可能。

家鄉是城市生活的舒緩劑，家鄉是空間與地方的情感記憶，家鄉也是夢想實踐的場域。

座標北緯26·23，全國最北的領土，有一群靠北家鄉的年輕人，重新回到名為「家」的地方，試圖擾亂原有的平與靜，為習以為常的空間，建構了一個有意義的地方。

2018年的冬天，我們一如既往地回到家鄉聚集，本是一個喝咖啡聊是非的時光，卻不如既往地想著社區規劃師的計劃案。那年寒冬，我們開啟了一場以家為名的復興之路，一條屏棄過去思維，從生活紋理著手的回家、尋家與創家的旅程。

我們的基地設立在乘載鄉愁與記憶的東引中路老街，並選擇了魚露店作為基地，昔日的中路不僅是漁村商業的重鎮，更是生活的起點。地方創生如同將家鄉放入製圖軟體不斷zoom in and out的過程，魚露店的存在，我們看到了過去中路生活的縮影，然後放大，過去的魚露店成為了現在的創生基地——鹹味島合作社就這樣誕生了。

合作社是東引第一家複合式空間，結合了社區交誼廳、島民活動場域、社區展演廳的概念，裡面不僅是八位成員各司其職的自我實現，也透過空間串連並挖掘隱藏在地方的藝術家、島物創作者，推動參與式工作坊，將生活美學系列課程導入東引的日常生活。

以地方美學與地方經濟為目標，合作社是東引過去的記憶與青年夢想的時空交錯，是日常與生活風格展演的邂逅，是建立在地與外來凝視的路徑，是乘載著地方共識的存在。

生活就是細節的不斷堆疊，地方也一樣，從建築、空間、人群、文化，當時代的洪流漠視了小細節，而順著大方向前進時，生活似乎成為平凡，我們忘卻了生活的軌跡能夠造就歷史、留下文化，成為造就地方獨特性的展演。

東引的生活是溫暖的鵝黃色，配上波光粼粼的海色，歡迎光臨北國東引，留下你我的故事。

和雞做朋友的友善開端

新北市的雙溪路上，常常看見攤販和誠實商店在販售土雞蛋，有次散步時，偶然在橋旁空地看到成群的雞和鵝，自在漫步、洗沙浴，這是我第一次真的在雙溪看到「雞」。雞舍雖然是放養，卻不是一般在後院飼養的規模，好奇之下撥了一旁屋舍上寫著的手機號碼，就這樣認識了養雞場主人。

正好想起幾個學妹最近做了以「人道飼養」為主題的桌遊，若有機會邀請他們過來舉辦親子共學活動，應該會是個有趣的體驗，不但能推廣議題，也能讓更多人認識雙溪的友善養雞。

活動當天艷陽高照，雖然有參

胡庭碩

喜歡做飯，喜歡擁抱，喜歡生活在鄉村。經營「地方創生的人們」臉書社群，目前週末窩在「雙溪一十四」被山林與河流照顧，也住過海邊，行事熱鬧生猛，常讓人忘記他罹患肌肉萎縮。

加者誤以為在外雙溪而錯估交通時間，終究順利開始這個食農議題活動。見到雞隻前，映入眼簾的是一片有機栽種的菜園及百香果棚架，眾人一邊在棚架底下避暑，一邊吃著主人提供的水煮雞蛋，配著提味的松露，感受地方的物產和溫度。

接著活動正式揭開序幕，孩子們搖身一變，成了小偵探，要在特別設計的實境解謎遊戲中，透過和三位「鹹魚飯」對話，發現疑點來找出兇手。不過孩子們想像力實在太過豐富，有位嫌疑犯因為遇到超出劇本之外的問題而不知所措，答不出來，引起孩子懷疑而被追著跑。

遊戲過程中，孩子深入養雞場各處（也不管有沒有踩到雞屎），母雞也不害怕地跟在後頭走跳，形成一幅人雞共存，和樂融融的景致；反倒是大人不太願意直接和雞接觸，僅在旁邊捕捉孩子們認真「查案」的影像。事先佈置在棲架、產蛋箱上的說明卡牌，則讓孩子在遊戲中更認識雞的生長環境以及習性。頓時，整個養雞場充滿孩子們的跑跳和歡笑聲。

遊戲後，問孩子們以後願不願意多花錢買友善畜牧的雞蛋，大部分的孩子都給予正面回覆，還有人精確回答如果貴1.5倍還可以，2倍就有點太貴，看來他們心中「雞權」大概有少喝一瓶養樂多的價值，這次活動的目的就達到了！另一個大一點的孩子，則分享他在學校做「公民行動」，爭取讓學生參與制服的設計，讓我聯想到以前念書時，到處打掃換服務時數的經驗，至少現在「行動」比起「服務」，少了上對下、單方面給予的意味，也翻轉傳統對社區參與的想像。希望這場活動不僅能牽起眾人和雙溪的緣分，也能做為鼓勵孩子以行動做出改變的開端。

（本文感謝陳紀曲協助）

夜裡的唱誦，存在著祝福

晚上的大茅埔泰興宮，在前堂與後堂的穿廊空間，七、八位婦人圍坐在一起，手裡拿著經書，嘴裡不斷地覆誦經文——她們是大茅埔泰興宮誦經班。每個月的初一、十五，還有神明聖誕的前一晚會在廟裡誦經，其餘日子會相約一同練習。

起初與這群阿姨阿婆接觸時，和調察團剛進駐大茅埔四處訪查的狀況一樣，村民或明或暗地推託。

「哎，你怎麼會來找我，你去找誰啦，他知道的比較多。」

「我不知道，我不知道啦，不要來問我，我很忙我還有很多事要做。」

總是先拒人千里之外，然後在

劉宜瑾

中文系所畢業，自家果園的菜鳥管理員，同時也是大茅埔調查團團員，喜歡摸遊樂器搖桿和小酌一杯，希望能將所學所做所好，轉化成對在地的貢獻。

背後偷偷觀察你在做什麼，實在是看不下去你東碰西撞的，接著出手幫忙。或許就是要看到鐵杵磨成繡花針般的毅力與傻勁，才能軟化她們心裡的執拗。

歷經幾次的拜訪後，阿姨阿婆也像是準備好了一般，大家圍坐在一起，娓娓道來各自入團的機緣，有的是親朋好友相邀，一起誦經有個伴；有的是個人或家庭因素，來到此處尋求身心寄託；有的則是受到王爺公的幫忙，所以奉獻回報王爺公。此外，她們一一述說經文內容，細數法器珍寶，模擬儀式過程，每個環節的意義無不鉅細靡遺地講解。畢竟這一開口唱誦，就是二、三十個春秋過去，未曾間斷。

白天，她們處理家務事，或是誰家農務缺工而前去幫忙，或化做保母幫鄰人帶孩子，我也曾是被帶大的其中之一。她們穿梭在庄裡，有時經過調查團的駐點，也會探頭看看裡面正在做些什麼事。晚上，安頓好家，便往廟裡穿廊的空間聚集，桌子移好，板凳拉來，互道個招呼，小聊近況。談談庄裡的大小事，哪家迎來新生，那個誰回去了，最近採收的成績如何啊，說著聊著，然後將祝福藉由念誦經文傳遞給神明。

今年暑期村裡來了一群候鳥大學生，記錄誦經團是他們的任務之一，起初訪談所遭遇到的碰撞，也如同調查團一樣。在經歷近兩個月的窮追猛問下，也到了候鳥該給誦經團一個交代的時刻，一場空間不大卻很有料的成果展，要替誦經團講故事，介紹她們的點點滴滴。阿姨阿婆似乎知道有大事要發生，各個發揮精湛廚藝，燒了一大桌好菜投以回報。候鳥每回的踏查訪談，背包塞滿了資料，手中也從不缺乏醃梅或粄，就同調查團駐點的桌上，總有不斷冒出的水果與餅乾。

入夜，誦經團成員照常相約，為了親友為了家，為了庄民為了大茅埔，為了自己也為了過客旅人，繼續吟誦著。

（本文感謝范特喜候鳥誦經小組協助）

這次他們不翻轉

洪嘉琪

90後，濁水溪人，土地工作者，莿仔埤圳產業文化協會一員。耕耘生態多樣性菜園，致力於發展社區支持型農業，練習成為另類的食農教育者。

儘管彰化是全台數一數二青年人口外流的縣市，然而近一兩年，溪州街上多了不少年輕面孔，無論是2018年進駐圳寮村的「基石華德福學校」、莿仔埤圳產業文化協會招募的外地夥伴，抑或由24歲本地女孩開設的歐式麵包坊「濁水溪旁邊」等等。

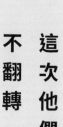

其中，仍然有年輕人選擇回鄉務農，當大家習於翻轉農村的故事模板，他們卻選擇「慣行農法」，亦即噴灑農藥、使用肥料的耕種模式。他們走的路有比較輕鬆嗎？

老農傳授的不良農藥「撇步」；農藥店為了營利而推銷「亂槍打鳥」的豪華雞尾酒組合；每日工作12個小時，卻因菜價賤如土而血本無歸；農村緊密生活圈掀起的輿論等。這是今年年初，決定回鄉耕種三分地地瓜葉的建群及其女友

欣貽，這半年來的甘苦日常。

務農日常，最讓他們「頭殼抱咧燒」的問題，就是「缺工」。

因為交菜的方式是剪一片一片的散裝地瓜葉，不像一般多以捆賣，所以非常厚工（kāu-kang，費工），但散裝價格比捆賣好；然而，也因此需要很多雙手來協助剪地瓜葉。

「我最後悔的事，是起初我壓根沒想到請工的問題，儘管很有衝勁，很願意花時間在田裡照顧作物，但等到真正要收割時，卻只能看著一片田，完全不知道該怎麼辦。」如同紅極一時的關鍵詞「農業千歲團」，他們請的工人清一色是村裡的年長女性。

在農村請工經常需要依賴「交情」，即工人多為雇主之左鄰右舍或親戚長輩，所以雇主經常得「巴結」工人，而品質出問題時，亦不好講話，擔心要是打壞關係，工人罷工，臨時也叫不到工。

現階段，他們只請一位固定的阿姆幫忙，而他們是懂得為工仔著想的人，「對工仔要好，他們是不可或缺的夥伴。」雖然仍有潛藏的缺工問題，但目前依賴三人的每日出菜量，收入仍可度日。

儘管這半年來遇到種種難題，然而對建群及欣貽而言，「作穡（tsoh-sit，種田）是很團結的事情！」他們喜歡大家一起全心全力完成一件事的感覺。這不正是農村的魅力嗎？

建群及欣貽，不「翻轉」農村，但同樣努力向下扎根、生活。

秋遇小香洋

在台南的最南邊，淺丘起伏的地形，住家與工廠錯落在鳳梨田與竹林間，偶爾還飄來晒麵的香氣，這裡是關廟。而在明鄭時期漢人來台開墾前，原是西拉雅族聚落地「香洋社」，在《永曆十八年臺灣軍備圖》內被記為「小香洋民社」；又有一說：在關廟市中心，農業社會起初還未有密集的住宅前，曾是大片的稻田，收成的時候稻香像片海洋一樣，逐漸有了「香洋」的美名。

原以栽種稻米及甘蔗為大宗、竹籐編產業為輔的關廟，在糧食轉作的政策下以及竹籐產業出口沒落而逐漸被經濟作物鳳梨所取代。在

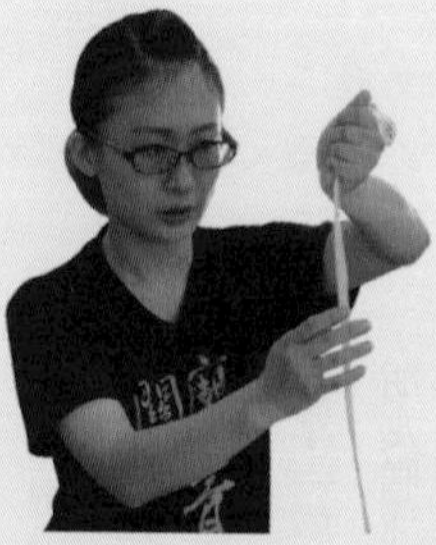

許玓維

國中畢業後離開關廟，2010年回鄉至今正好滿十年。成立一朵花文創工作室分享關廟的文化之美，是個充滿少女心熱血的傻子！

1997年為了達成「一鄉鎮一特產」的目標，鳳梨、竹筍、關廟麵便成了「關廟新三寶」。所以，如果在每年3～5月來到關廟，空氣中都瀰漫著甜膩的香氣，因為金鑽鳳梨「正著時」，鳳梨好吃到沒話說，連心裡都甜滋滋的。

不過，多數人對關廟的印象就是關廟麵或鳳梨吧！

抱著要讓更多人走進關廟、感受魅力的想法，返鄉後，先從記錄在地廟宇的宋江陣臉譜文化開始，籌組「關廟青社團」帶動年輕人關注自家土地上的文化且展開行動力；在三合院舉辦過黃昏市集音樂會，希望大家看到傳統土角厝的美；想要守護鹽水溪流域的文化資產及生態，而拍了一部紀錄短片；也因為想讓50歲的中央戲院，再次開幕成為藝文中心，辦了「小戲節」露天活動，編導戲劇公演。只能說，無所不用其極地從各角度切入，就是想讓大家看見關廟的豐厚底蘊！

今年，工作室也再次推出「關廟青青藝文3.0」藝術季活動，選了旺萊公園、布袋里、北勢水塔三個地點放置居民和邀約單位的接力合作作品。

同時，也邀請地方六所國小聯合創作古地名繪本《竹鹿關廟》，一同拜訪關廟有趣的古地名和特色景點，預計在10月底舉辦成果展並發起募資計畫，要讓六所偏鄉小學、參與創作的小朋友們都能獲得一本繪本，深耕在地文化。

與沙蟹同樂的漁村記趣

呂佩芸

目前任職於「大小港邊，熱帶漁林」，主要負責專案企劃、行銷採訪，因為對於地方及漁村的熱愛來到林邊，穿梭於社區巷弄間，展開與地方長輩、青年合作推廣漁村文化的行動。

穿越過林邊鄉崎峰村落中的小路，望見那一望無際的台灣海峽，半月形的黑色沙灘映入眼簾，這裡就是當地人口中說的——月牙灣。灣旁的涼亭，是在地長輩們下午閒話家常的聚所，時不時會看見有人跪地瘋狂挖沙，還傳來陣陣歡笑聲，他們正在體驗一場漁村的童年活動「釣沙蟹」。

釣沙蟹體驗是由在地林邊人——鄭世昌老師所帶領，鄭老師是退休於大明國小的校長，更是在崎峰村長大的孩子，談到釣沙蟹這項體驗，鄭老師便先回憶起一段漁村往事——那段在睡覺時被叫起來拉漁網的日子。

童年時，他常在晚上到崎峰海邊幫忙牽罟，當時出海捕魚很興

盛，海岸邊總有許多竹筏，過去是透過拖網方式捕魚，靠人力拉網，當漁船靠岸時，便會敲鑼打鼓請大家幫忙拉魚網，外海透過竹筏作為標示器，讓兩邊拉魚網的程度一樣，最熱鬧時一晚會有3～4組人一起收網，多少可以分到一些魚幫家裡加菜，是農業社會典型的合作精神。

海邊的活動除了牽罟，放學後的釣沙蟹也是非常難忘的兒時記趣。過去釣沙蟹會走到海裡，用一根很長的竹竿綁滿餌、漂浮在海面上等待沙蟹上鉤，抓到便多一道好料，對那時當地的孩子們來說就是一項休閒娛樂又能加菜的好遊戲！

如今牽罟漸漸消失，林邊地區沿海轉型養殖漁業，釣沙蟹的童年活動也漸漸不再是現在孩子們的休閒娛樂，因此，我們團隊便與鄭老師一起攜手創造出釣沙蟹體驗，希望讓來到月牙灣的朋友們，除了享受夕陽美景外，也能更加親近這片沙灘，來場沙蟹追逐大冒險。

現在的釣沙蟹體驗分為兩種方式，方式一是使用釣具店容易取得的「勾勾纏」，搭配十分具有腥味的秋刀魚來誘導勝利黎明蟹上勾；方式二是透過乾沙指引洞穴的走向，利用手感找到角眼沙蟹的正確位置，偶爾還能抓到不同品種的螃蟹，是個認識生態的好機會。

現在飲食習慣的改變，沙蟹也不再是餐桌上的食材，為了讓世世代代都能在這片沙灘遇見美麗的沙蟹，觀察完後的沙蟹都會全數放生，看著他們回到大海、沙灘中的模樣，更期待下次的不期而遇！

地味手帖〔02〕

風土技藝

—留住文化留住人

主編 —— 董淨瑋
編輯顧問 —— 林承毅
封面設計 —— 廖韡
內頁設計 —— D-3 Design

社長 —— 郭重興
發行人暨出版總監 —— 曾大福
出版 —— 裏路文化有限公司
發行 —— 遠足文化事業股份有限公司
地址 —— 新北市新店區民權路108-3號8樓
電話 —— 02-2218-1417
傳真 —— 02-2218-8057
Email —— service@bookrep.com.tw
客服專線 —— 0800-221-029

法律顧問 —— 華洋國際專利商標事務所 蘇文生律師
印刷 —— 凱林彩印股份有限公司
初版 —— 2020年10月
定價 —— 350元

Printed in Taiwan

風土技藝：留住文化留住人/董淨瑋主編. -- 初版. -- 新北市：
裏路文化出版：遠足發行, 2020.10
面； 公分. -- (地味手帖；2)
ISBN 978-986-98980-2-7(平裝)
1.文化人類學 2.鄉土文化 3.創意 4.文集
541.307 109014240